U0165316

創新建築 4.0

創造建築安全新世代

自序

　　「戴雲發 Alfa Safe」是一個專注於建築結構安全二十餘年的建築專業團隊，在我們長期研究發現出建築業界的一些常見結構安全問題之後，進而努力找出問題的真正根源並研究尋找出有效的解決方案。我們也從 921 大地震的倒塌受損建築及築巢專案現場鑑定與補強分析資料中，歸納出 921 大地震大樓倒塌受損的「設計及施工十大危險基因」，並積極成立「社團法人建築安全履歷協會」向大眾推廣建築安全的重要與觀念。我們都知道真正的建築安全就是要「優良的結構規劃設計」跟「精準確實的施工品質」同時兼具。但在我們改革推動的過程中，發現要把建築安全從設計端到施工端，全部都要做到確實真的是非常不容易！因為我們發現這個牽扯範圍既寬又廣，很多建築前輩告訴我們，這是「台灣建築文化」沒有人有可能去改變它的……。但「戴雲發 Alfa Safe」團隊還是毅然決然的下定決心去完成這不可能的任務。

　　大家都知道建築安全品質很重要，可是若不做創新改變，只有固守傳統工地的施工方法及觀念去做建築施工，要做到安全好品質真的是難如登天！因為要蓋一棟大樓，要用非常多鋼筋，而這些鋼筋一根根的加工、在工地一根根的綁非常複雜，真的很難能做到好品質。我們常常在工地中會發現鋼筋在綁紮時，很多區域是手伸不進去也綁不到的，基本上誰來綁紮都一樣不容易做到，那我們建築業界的監造人員又如何能去要求工人一定要做到呢？以前我們去工地要求鋼筋工施工品質時，曾遇到過鋼筋工說「技師請你教我綁給我看，你若有辦法綁，我就綁給你！」很多地方仔細看看還真的不好綁很難做到，我們都知道安全品質是不容許打折扣的，但我們要如何因應改善呢？我們不斷的思考，除了將現場施工困難度回饋至結構設計，全面檢討鋼筋施工性外，還有甚麼方法可讓鋼筋綁紮施工變得更容易？讓任何的人來綁都可以做到好品質，又可符合結構設計圖說及結構安全呢？此外，國內因應食品安全問題已開始推動食品安全履歷，而建築安全之重要性更甚於食品安全，要如何可以做到「建築安全履歷」，將施工品質完全透明化、可視化呢？

　　在團隊的不斷腦力激盪下，「建築 4.0 鋼筋系統化施工」的方向因此產生，接著就著手研發『Alfa Safe 耐震系統專利工法』，藉著系統化規劃、加工、施工的特性優點，想辦法將施工品質與結構安全重點做成完整記錄，並製作成「建築安全履歷」，把以前工地做不到、做不好的每一個細節藉由鋼筋系統化的施工方式，做到施工品質精準到位且公開給大家看，讓購屋者買得安心，住得放心。然而，若沒有前置源頭的努力用心規劃準備與配合，那有理想中美好施工品質完整呈現的可能？因此也開啟我們「Alfa Safe 團隊」走向鋼筋工程全面一條龍，從規劃、加工、施工技術整合這條必經之路。

　　經過我們團隊十幾年來的不斷從施工回饋檢討、規劃修正、加工彎折測試及再繼續現場實做演練，應用自動化工業 4.0 的方式，終於逐步達到我們想要的成果。從設計端到工廠加工端應用科學的方法，把每一條鋼筋與建築工地以前難做到的每一個細節都變成模組化，一根一體成型的方式進行規劃，並制定統一化的鋼筋施工品質標準，讓一棟建築中每一個會裂、會漏水及最難施工的每一處柱、梁、牆結構及強震來襲時，大樓會爆開失敗的那一些軟弱層及脆弱點，全用一根沒有中斷且一體成型的『Alfa Safe 耐震系統工法』規劃加工及施作，且都要以拍照或影片記錄下來每

■ 共同發揮建築人的專業，守護你我居住安全。

一個施工品質的細節，完全透明化給大眾看，讓安全品質完全攤在陽光下，不用再擔心品質瑕疵的問題。

在執行建築安全履歷認證過程中，我們經常鼓勵建築業者舉辦工地「一樓鋼筋施工觀摩會」，很多人會問說為什麼要選擇在一樓進行綁鋼筋的施工觀摩會呢？因為一樓是地震來襲時，最需要安全、最需要穩固的最重要樓層，歷次大地震建築物倒塌原因，幾乎90%以上都是因為一樓柱爆裂造成大樓倒塌的，所以，我們開放民眾參觀一樓的施工品質，藉著眼見為憑，讓大眾對該建案的結構安全品質更為放心。舉辦時，現場會先將80%的柱牆鋼筋綁紮完成，另外20%由經過協會受訓認證的工班師傅在現場繼續綁，讓大家親眼目睹「Alfa Safe耐震系統工法」鋼筋綁紮的施作方法是如此簡單快速又容易做到好品質，也讓大家親身確認經過系統規劃後的一體配件式鋼筋，其施工品質個個都像精品、藝術品，好的不得了！

而另外一個則是標準層的「建築安全品質觀摩會」，因為有消費者會覺得我家是住在標準層，不是一樓的公設大廳，故會疑惑自家的那層房子、牆、梁、柱的鋼筋有沒有綁好？因此我們也特別舉辦觀摩會呈現標準樓層的施工品質，將鋼筋綁紮細部品質透明化給大眾看，全部綁好沒有封模板百分之百開放。縱然我們就算是這樣做，還是有消費者會說：他們都沒有時間去工地現場看耶？！沒關係，我們在每一戶都製作一本專屬於你家的「建築安全履歷」，這個建築安全履歷就是把每個柱、梁、牆的每個施工細節、最難做到品管的地方，將安全品質的每一個細節都透明化給你看。所以，我們定義出最高標規格的安全品質透明化標準而且完整的做到，目前在全臺各地陸續執行了十餘個建案。所以「建築安全履歷」安全品質透明化是做得到的，絕對不是「學者派」、「紙上談兵」、「空中樓閣」、「不切實際的」……。

在這多年的過程當中，還有很多建築業者會提出問題說：他們配合的鋼筋加工廠不會加工，他們配合的綁鋼筋的師傅不會綁紮，那怎麼辦呢？所以，我們「戴雲發 Alfa Safe」團隊協助「建築安全履歷協會」前年啟動兩年免費全台灣鋼筋加工廠品質輔導與認證、鋼筋技術士受訓認證。也因為如此，現在全台灣使用「Alfa Safe 耐震系統工法」的營建業者，只要願意都可以藉由「Alfa Safe」工法做到「建築安全履歷」建築安全品質透明化的最高建築品質標準，這也是我們團隊成立的初衷。衷心期盼，更多建築業者願意來響應，為台灣以及我們心愛的家人建造更多安全耐震的好宅，共同發揮建築專業守護台灣人民居住安全。

■ 我們的用心，你們看得見。

戴雲發的安全 - Alfa Safe

　　最後也在此與讀者分享「Alfa Safe」的精神及其 logo 的設計概念，讓讀者更清楚了解我們團隊對建築安全的理念與精神。

一、戴雲發「Alfa」，長期在台灣推動結構安全 (「Safe」 Structure)。

　　「Alfa Safe」即意含「戴雲發的安全」的意義。

二、其中『α』Alpha (取其音 Alfa)- 是希臘文最初始、創新的意思。

　　『S』Safe- 是 Safe Structure 結構安全。

　　「Alfa Safe」亦代表是我們團隊研究出來的「最初始最創新的結構安全工法」。

三、圖示亦連結成「∞S」亦代表我們的「Alfa Safe」能夠達到「無窮大的安全」的意象。

四、中國人談「安居樂業」也都喜歡「發」、「8」，logo 中其意象不論從哪個角度看都是「發」、「∞」、「8」！台灣是地震帶，安全的居住空間更是重要。唯有住的安心放心才能夠安穩順心的經營事業，讓事業大發！

五、『S』亦含有「Alfa Safe」工法中 4S 的鋼筋規劃、加工、施工精神，即『System 系統規則化』、『Standard 規格標準化』、『Simple 防呆配件化』、『Speed 作業效率化』。

六、「Alfa Safe 耐震系統工法」『S』亦代表一根從頭到尾連結沒有中斷的鋼筋工法與設計精神。同時此工法也經試驗證明其抗震韌性能大幅提高，更能有效確保建築物的結構抗震安全性。

建築安全履歷協會　理事長
Alfa Safe 建築系統　創辦人

戴雲發

目錄 CONTENTS

第 *1* 章
「建築安全履歷協會」
初衷與展望

本章重點摘要

■「俗擱大碗」就等於高 CP 值？物美價廉的假象，
　讓看不到的結構安全都將成為最大的隱憂之一。

■ 鋼筋都有放、都有綁就一定安全嗎？鋼筋放錯位
　置或彎鉤長度不足，就沒有辦法發揮每根鋼筋應
　有的強度，這樣情況下的建築安全真的令人憂心
　忡忡。

■「Alfa Safe 耐震系統工法」創新建築 4.0 新思維，
　將鋼筋加工程序自動化，解決人為疏失、降低建
　築不安全因子，將結構鋼筋設計與可執行的施工
　方式相互考慮做完美的結合。

延伸閱讀：
TVBS 台灣「差不多先生」的建築文化浮上檯
面。支撐建築最重要的鋼筋及混凝土，建造
過程細節繁瑣，而大多營造包商「差不多」
就好的心態，讓台灣房屋品質大打折扣。

營建產業的文化

　　台灣很多人愛追求物美價廉、高 CP 質的產品,為此很多業者開始不惜犧牲品質、壓低成本,複製這種成功模式以促進銷售,但低價總免不了堪慮的品質,可是只要「俗擱大碗」,在台灣常常就會有很大市場。以「cost down」為營運策略的建築團隊,就算網路間負評謾罵、法院訴訟案一件接一件,民眾照樣願意買單,讓這樣的陋習始終在業間生生不息,也因此,在台灣大家可以發現任何產業皆充斥如此情形。

　　以成本競爭為核心策略的建築團隊亦多不可數,為了突破房市低迷,採降低售價以能快速完銷,選擇壓低採購發包單價以達成「cost down」的目標,而施工廠商以較低的單價承攬後,當然不可能做賠本生意,最常見的便是縮短工時及減少工人數量,並開始忽略施工細節及品質,只求如合約數量完成;再來就是降低材料品質及量體,例如大家常說的預拌混

■ 台灣傳統營建產業文化充斥著壓低採購發包單價以達成「cost down」的目標,使得施工廠商以較低的單價承攬後選擇縮短工時及減少工人數量,並開始忽略施工細節及品質,只求如何依合約數量完成。

凝土運送到工地時任意加水、使用低成本、品質差的材料，或是防水層薄一點、黏著劑少一點等等，當下看似不痛不癢的做為，未來都有可能衍伸出許多交屋糾紛，或過了保固期才會發生漏水壁癌等問題，甚至是看不到的結構安全都將成為隱憂之一。過度「cost down」最終犧牲的還是建築安全與品質，甚至是居住者的生命財產安全。

以鋼筋綁紮的工資而言，從每公噸三仟多至上萬元不等的價差，但是大家也都號稱施工品質經過設計監造單位審查通過，且經政府主管單位認可發照，完全符合法規規定，但是至於安不安全，就要等到下一次大地震時才能見真章了。大家想想，若是一個建築工地施工時，業主只願意給出三仟多元的鋼筋綁紮工資時，以每天綁紮多少噸鋼筋來計算工資的工人，那他的施工品質一定會相對草率，可能使柱鋼筋定位綁紮不確實、柱箍筋該鉤的彎鉤角度不夠、柱箍筋間距應該 10 公分者卻放大間距、柱主筋的搭接位置應該交錯搭接的卻沒有交錯搭接……等等，在這種施工品質下，就算耐震能力設計的再高，鋼筋材料用的再多，也沒有辦法發揮每根鋼筋應有的強度，當然達不到預期之安全效果。

只要使用符合設計的鋼筋數量施工，建築就一定安全？

▌梁底鋼筋設計施工不當，造成梁筋過密重疊，混凝土無法充分覆裹每一支梁筋，無法發揮應有之握裹力，不符合設計需求。

▌梁底層鋼筋設計適當施工確實、混凝土亦能搗實後通分包覆梁筋，發揮應有之握裹力。

影響建築安全的鋼筋部份，除了鋼筋之數量外，鋼筋施工品質及鋼筋與混凝土材料的好壞也相當重要，比如說鋼筋綁紮工資、混凝土材料也都有等級與價格上的不同差異，這些都應同時考慮，建築才會較安全。

建築現況的問題

生產程序、技術落後：

　　「差不多」、「應該沒有問題」、「我都這樣施工，921地震也沒有倒」是當前現場施工的最大問題，也是營建技術落後的根本原因。

　　沒有正確標準的施工步驟，工頭的個人經驗，在缺乏學術養成訓練及追根究底的研究精神下，代代相傳成為「施工標準」所謂的研究發展就越顯得不切實際。而且921地震沒有倒的房子不代表施工品質及方法是對的，因為這個房子不在震災區，相對地震力是小的，所以不代表這種施工方式是安全的。

　　大多數施工工人不太懂結構設計力學原理，也不會去思考鋼筋如何綁紮定位才是最安全、最正確的，一般大多認為只要數量夠，沒有少放數量，應該就可以符合結構安全標準。但事實上並非如此，因為每一根鋼筋的位置，及其彎鉤、搭接長度位置等，都和其能發揮的強度及安全性息息相關，不是有放就好，若放錯位置，其所能發揮的強度有可能一半都達不到，這些都是很重要的安全關鍵。

■ 傳統工法：L型轉角，鋼筋交錯複雜，不易查核且常未符合圖說要求。

■ 傳統工法：T型轉角，鋼筋交錯複雜，不易查核且常未符合圖說要求。

傳統工法：以板車料定尺寸之鋼筋長度，做為鋼筋
加工彎折裁切使用。

傳統工法：以板車料為加工裁切尺寸，有固定長度
裁切之端部無法再利用造成損料。

傳統工法：組件眾多，組裝綁紮繁複，需熟練之技
術工。

傳統工法：柱箍套入定位綁紮後，需再將眾多繫筋
交錯插入綁紮。

傳統工法：必須組單面牆模後才能綁紮，需等待模
板施工時間。

傳統工法：綁紮至符合結構圖說標準之施工單價甚
高。

傳統工法綁紮鋼筋都會有個極限，若要將每根鋼筋都綁紮到位，會非常困難不好做，且單價也會非常高。往往業主付多少錢，下面工班就做多少事，於是大家就會取個平衡點，「差不多」、「堪用就好」，至於是否完全符合規範的安全品質標準，已經不在考量範圍內了。部份想把施工品質真正做好的建築團隊，就要花大錢來換取建築安全。

鋼筋都有放，建築就一定安全？

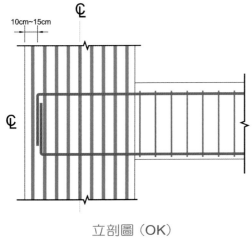

立剖圖（OK）

■ 大梁主筋入柱錨錠長度與鉤位置長度符合圖說規定外，並錨錠於距柱外邊 10 公分至 15 公分處。

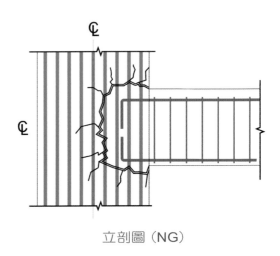

立剖圖（NG）

■ 大梁主筋入柱錨錠長度不足，90 度鉤長度不足，未符合圖說規定，受強大地震時，於梁柱交接處造成梁筋拔脫破壞。

目前一般業界層層分包施工的結果，再加上長時間養成的「工地好施工最重要，品質略有差異，只要不是太嚴重即好」的錯誤觀念，使得目前工地現行施工工法之成本，在某種程度上當然會較低。

除此之外也令人擔憂的是，在建築技術沒有太大的成長下，我們還在用幾十年前的舊建築安全品質思維蓋現在新穎的超高大樓，且建築物越蓋越高、外型越蓋越多變，這樣情況下的建築安全真的令人憂心忡忡。

建議營建產業必須重新建立各項施工的標準步驟及細部的圖說，同時對每一種材料的物性、化性及功能都必須更深刻了解，才能有效逐步改善進步。另外在監造過程更需要實事求是，追根究底，確保所有產品合乎顧客要求及品質標準，不能有「儘量做就好了」的差不多心態，因為「安全是不容許有任何折扣的」。

品質提升的初衷

　　建築業不該只以眼前短期之最大投資報酬率或快速完銷為首要目標，經營一個成功的營造事業，也未必一定只有儘可能降低建築營造成本，才能有獲利賺錢；若能用心把建築安全品質做好，並掌握好宅新思維之通用設計及健康無毒建築等消費者需求與市場脈動，針對現在消費者最關心的建築安全議題，考量並使用「建築 4.0 系統化工法」建造更加安全的房子、提供「建築安全履歷」以讓大眾檢視，針對通齡之住宅使用等，做整體考量規劃，讓大家都能住的安全又安心，而消費者勢必也能看見建築團隊的用心，增添對該品牌的信任感與認同度。藉由好口碑的擴散，營造團隊所提升的品牌價值及品牌效益，也更容易在銷售時發酵、反應在銷售速度上，這樣營建團隊也一樣能有所獲利、永續經營。

　　每回大地震造成建築倒塌受損，都在在告訴我們建築內部鋼筋混凝土結構及施工品質，才是影響房屋是否安全的重要關鍵，所以我們在建造一棟新建築時，務必要有好的設計及施工，才能確保新建築經得起地震考驗，因此建築物的施工細節品質就顯得非常重要。而建築安全的根本之道就是推動、鼓勵建築安全品質透明化的「建築安全履歷」的建置與實行，以及在鋼筋工程部分使用更安全創新的「鋼筋系統化工法」，以降低因人為因素導致鋼筋綁紮品質不佳的風險。

　　地震中常見的倒塌建築，有不少是因為梁、柱鋼筋過密及鋼筋接合錨錠處未依照設計圖說長度定位綁紮，導致鋼筋無法與混凝土產生足夠的握裹力，因而沒辦法達到設計所需的抗震力。這其實有很多也可能是設計者的工地實務經驗不足，在設計之初，沒有事先考慮到鋼筋綁紮時現場會發生的實際施工性問題，及施工人員以好施工為原則施工……等等，所引發的房屋結構安全不足之缺失。

　　而鋼筋綁紮工人最痛苦的事情，莫過於鋼筋綁好後，被要求拆掉重綁，這樣不但會增加施工成本，影響施工品質，也會延誤工期。會發生這樣的問題，也是因為絕大多數的工人不懂得結構設計力學原理，所以不會去思考鋼筋如何綁紮定位才是最安全、最正確的，也更無法了解結構設計單位的設計精神及重點，以致於

■ 雲門翠堤大樓柱主筋同斷面搭接；箍繫筋量亦明顯較少，且均為 90 度彎鉤。

設計與施工間產生落差。不幸的是這種情形每天在全台灣不同的大小工地，不斷的在上演中……更不知無形中浪費了多少人力、物力及犧牲掉多少的建築安全品質。

生產程序自動化：

　　為解決上述人為疏失、降低建築不安全因子，「戴雲發 Alfa Safe 耐震系統團隊」努力了十餘年研究出「戴雲發 Alfa Safe 耐震系統工法」，將結構鋼筋設計與自動化機械加工及可執行的施工方式相互考慮做完美的結合，使結構設計者的安全力學需求與施工人員施工品質的透明呈現均能無縫接軌，建造出符合規範且耐震安全的房屋。甚至能從開始規劃建構房屋就將結構力學規劃設計、防裂防漏水的規劃設計、鋼筋彎折加工技術及現場施工技術相互整合，以達到工期短、品質佳及成本合理的完美目標。

Alfa Safe 耐震系統工法之 4S 特點：

System	系統規則化	Standard	規格標準化
Speed	作業效率化	Simple	防呆配件化

傳統鋼筋施工	系統化鋼筋施工

　　營造施工大多為戶外進行的行業，產品品質及進度受天候、勞工技能成熟度甚至工作心理情緒的影響相當大，若能將工地不易施工或工人容易做錯的地方，改用「建築 4.0」的「Alfa Safe 耐震系統工法」，工人只需在工地將工廠生產好的一根無斷點鋼筋配件式組件做最簡單組裝即可，這樣不但施工更快速，品質更確保、耐震韌性更提升，亦更能確保建造的房屋更安全穩固。而勞工安全問題目前也已逐漸成為營造業最重要的指標，而自動化及系統化正可有效克服上述天候環境、勞工心智的問題及確保施工品質及進度，同時更可以降低成本增加競爭能力，並可促進研發創新實現新工法新技術，提昇整體營建施工技術。

■ 自動化鋼筋彎折技術，配合事前詳細的加工圖說規劃，井然有序的生產鋼筋一體成型箍，
　使鋼筋的加工品質更加穩定，施工品質看得見。

延伸閱讀：
鋼筋加工廠品質輔導與認證—
建築安全履歷協會。

延伸閱讀：
自動化鋼筋彎折技術讓「Alfa
Safe 耐震系統工法」加工品質
更加精密穩定。

創新思維的展望

　　在一次次的地震襲擊與家破人亡後，舊建築思維真的到了該改變的時候，在過去，以舊思維所蓋的建築常發生下雨漏水、通風排氣問題，甚至是備受地震考驗的建築安全問題。深深覺得我們都應該用更科技、效率的方式，如「Alfa Safe 耐震系統化工法」、BIM 建築4.0、「建築安全履歷」及預鑄工法……等創新建築思維來對應這些天災地變，以打造更健康安全的優質建築。

BIM 柱系統鋼筋加工圖說自動產出

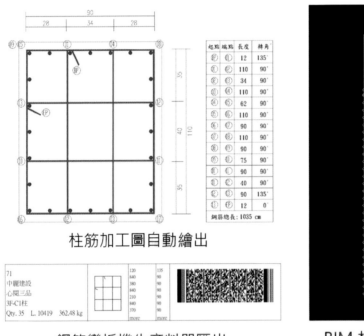

柱筋加工圖自動繪出

鋼筋彎折機生產料單匯出

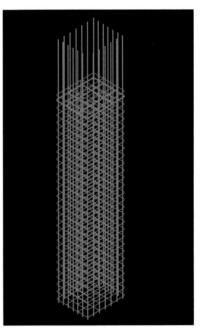

BIM 柱透視

　　「建築安全履歷」對封閉的建築體系及常久以來的「台灣建築文化」而言，是一項創新的思維與一大挑戰，如何在這環環相扣的作業過程中有效做到建築安全與品質，且最重要的是能易於被建築業者及工地工人接受及採用？為此「建築安全履歷協會」理事長戴雲發研發由自動化工廠加工成組件化配件，工人在工地現場只需簡單組裝「Alfa Safe 耐震系統化工法」，即可輕鬆完成鋼筋綁紮工程，相較過去靠蠻力辛苦掙錢，自然願意嘗試做「改變」。

「建築安全履歷協會」為落實鋼筋施工品質要求，因而開始全台灣推動執行系統工法鋼筋技術士之證照受訓、考試與認證。此屬於工地之現場考試檢定，檢定項目包括前置的結構安全重點教育與鋼筋綁紮規定之要求說明，考試項目包括系統柱及系統牆等，以現場之實體系統柱牆鋼筋綁紮成品做為考試評核之依據，兩項考試皆通過者，將頒給系統工法鋼筋技術士之證照。故可有效全面提升工地鋼筋工之結構安全觀念及系統工法技術之精進以提升鋼筋施工品質，且有別於國家鋼筋技術士檢定，只針對個人之鋼筋專業認可，而無法做到有效確認是否可以真正改善工地實際施工品質的問題。

正因為一般工地施工現場有「人」的變數存在，即使建築設計圖面就算是全然無誤，但常看到的錯誤施工卻也會大幅削弱建築結構的安全。若能採用「建築安全履歷」的創新品管流程，不但施工品質可以完全透明化，大眾可以看得安心住得放心，並同時使用「Alfa Safe 耐震系統工法」施工，這樣，不但可以有效降低人為因素的風險，更大大提升品質的控管，如此的雙管齊下，讓建築結構安全更上一層樓。人辛苦了一輩子，不就是為了一個安全幸福家園嗎？那麼能夠保衛家人安全的房子，我們又豈能輕忽它的安全品質重要性呢？

建築業目前景氣低迷，相信若能以「新建築思維」提升營建業競爭力，不但老舊建築不安全的問題可以有效解決、內需市場蕭條的問題也可以跟著迎刃而解，更相信唯有如此，營建業才能真正發揮人稱火車頭工業的角色，全面帶動國家經濟發展復甦。

最後想提醒的仍是－「品質」與「品牌」是相輔相成、企業永續經營的不二法門！

■「Alfa Safe 耐震系統工法」藝術品般的品質呈現。

延伸閱讀：
Alfa Safe 耐震系統工法－
戴雲發結構技師現場解說。

延伸閱讀：
Alfa Safe 耐震系統工法鋼筋
施工品質，猶如精品、藝術品
般優雅呈現。

第 2 章
「Alfa Safe 耐震系統工法」
建築結構安全更上一層樓

本章重點摘要

■ 「優良的結構規劃設計」與「精準確實的施工品質」，兩者同時兼俱，才是建築物安全的王道。

■ 「Alfa Safe 耐震系統工法」創新 4S 工法：「系統化 system」、「簡單化 simple」、「效率化 speed」、「標準化 standard」。

■ 「鋼筋加工廠品質輔導認證」：為能確保執行鋼筋系統工法之施工品質，在源頭之鋼筋加工廠即有效執行加工品質控管。

■ 「鋼筋技術士受訓認證」：為落實鋼筋施工品質要求，全面訓練工班，以提升工地鋼筋之結構安全觀念及提升鋼筋施工品質。

■ 「Alfa Safe 柱中柱®」經「國家地震工程研究中心」實體試驗證明，其耐震韌性提升近一倍。

■ 「Alfa Safe 柱中柱®」能有效發揮韌性結構「小震不壞、中震可修、大震不倒」的韌性效能。

延伸閱讀：
你的房子結構安全嗎？身處在地震帶，我們需時刻迎戰地震的威脅，輕結構重裝潢的思維必須翻轉！

兩次206大地震建築倒塌有跡可循

　　2018年2月6日下午11時50分發生於花蓮的地震，其震央位於臺灣花蓮縣近海，芮氏規模6.0，包括花蓮統帥飯店、雲門翠堤大樓、吾居吾宿、白金雙星…等多處建物嚴重倒塌，其中死傷最為嚴重的是雲門翠堤大樓的倒塌。

　　回想在兩年前206台南維冠大樓倒塌，造成115人死亡，沒想到兩年後的同一天又發生花蓮大地震，也造成多棟大樓倒塌及人員的傷亡。這一切好像都可以說是地震天災所造成，但以我們研究的921大地震設計、施工倒塌的危險建築中，似乎發現不論是台南維冠大樓或是這些因花蓮大地震而倒塌破壞的大樓，都有"似曾相似"的感覺。這也就表示這兩次206大地震所倒塌或受損嚴重的大樓，都和我們研究出來的921大地震倒塌受損建築的設計六大問題、施工八大問題等危險基因皆是相符的。也就是說大地震來襲時，這類建築它們倒塌或受損的危險相對就較一般建築來的更高。

▌「建築安全履歷協會」戴雲發理事長前往花蓮現場了解建築倒塌的原因。

921地震倒塌建築研究 vs.花蓮206地震倒塌建築初步勘驗結果

921 地震倒塌建築結構設計六大問題	花蓮 206 地震房屋倒塌初步勘驗結果
1. 結構平面不規則	中
2. 結構立面不規則	中
3. 柱子太少	
4. 軟弱層問題	中
5. 短柱效應	
6. 短梁效應	

921 地震倒塌建築結構施工八大問題	花蓮 206 地震房屋倒塌初步勘驗結果
1. 柱箍筋綁紮不良	中
2. 柱鋼筋搭接在同一斷面	中
3. 梁柱接頭未綁扎鋼筋或不確實	中
4. 箍筋間距過大且未做 135 度彎鉤	中
5. 梁筋在梁柱接頭之錨定長度不足	中
6. 梁柱主筋塔接長度不足	中
7. 梁柱鋼筋設計過密間距太小	
8. 混凝土強度不足	中

921 地震破壞四個典型案例	花蓮 206 地震房屋倒塌初步勘驗結果
1. 不規則平面案例	中
2. 不規則平面之轉角店鋪軟層案例	中
3. 社區內規則平面與不規則平面差異案例	
4. 牆體及柱跨不均案例	中

統帥大飯店

■ 2018年2月6日下午11時50分發生於花蓮近海,芮氏規模6.0地震造成
花蓮統帥大飯店嚴重倒塌。

■ 統帥大飯店軟弱層會有低樓層軟腳效應。

延伸閱讀:
花蓮 206 地震統帥大樓倒塌
原因分析。

延伸閱讀:
花蓮 206 地震建築物倒塌
原因分析。

花蓮遠東百貨

▌ 花蓮遠東百貨柱爆開繫筋很少。

▌ 花蓮遠東百貨現況外觀（內排騎樓柱均已嚴重受損）。

雲門翠堤大樓

▋ 雲門翠堤大樓柱主筋同斷面搭接；箍繫筋量亦明顯較少，且均為90度彎鉤。

▋ 雲門翠堤大樓大樑主筋彎鉤明顯過短，且上下層主筋均往下彎鉤施工不符規定。

吾居吾宿大樓

▌吾居吾宿大樓從六樓建築增建到九樓,對大樓之抗
震力有很大的安全影響。

▌吾居吾宿大樓從被破壞的柱中可以發現,柱中的層
接縫中有木塊及木屑,混凝土強度很差有蜂窩,且
柱、樑筋均已明顯開始生鏽,箍繫筋量明顯過少。

白金雙星大樓

▌白金雙星大樓現況外觀。

▌白金雙星大樓一樓直接壓碎少了一層。

921地震倒塌建築研究 vs.台南206地震維冠大樓初步勘驗結果

921 地震倒塌建築結構設計六大問題	206 地震維冠大樓初步勘驗結果
1. 結構平面不規則	中
2. 結構立面不規則	
3. 柱子太少	中
4. 軟弱層問題	中
5. 短柱效應	
6. 短梁效應	

921 地震倒塌建築結構施工八大問題	206 地震維冠大樓初步勘驗結果
1. 柱箍筋綁紮不良	中
2. 柱鋼筋搭接在同一斷面	中
3. 梁柱接頭未綁扎鋼筋或不確實	中
4. 箍筋間距過大且未做 135 度彎鉤	中
5. 梁筋在梁柱接頭之錨定長度不足	中
6. 梁柱主筋塔接長度不足	中
7. 梁柱鋼筋設計過密間距太小	
8. 混凝土強度不足	中

921 地震破壞四個典型案例	206 地震維冠大樓初步勘驗結果
1. 不規則平面案例	中
2. 不規則平面之轉角店鋪軟層案例	中
3. 社區內規則平面與不規則平面差異案例	中
4. 牆體及柱跨不均案例	中

台南維冠大樓原設計結構系統不佳

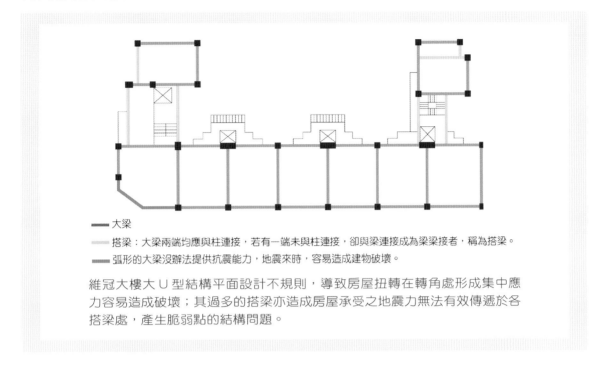

━━ 大梁

━━ 搭梁：大梁兩端均應與柱連接，若有一端未與柱連接，卻與梁連接成為梁梁接者，稱為搭梁。

━━ 弧形的大梁沒辦法提供抗震能力，地震來時，容易造成建物破壞。

維冠大樓大U型結構平面設計不規則，導致房屋扭轉在轉角處形成集中應力容易造成破壞；其過多的搭梁亦造成房屋承受之地震力無法有效傳遞於各搭梁處，產生脆弱點的結構問題。

台南維冠大樓原結構設計建議可改善加強的方向

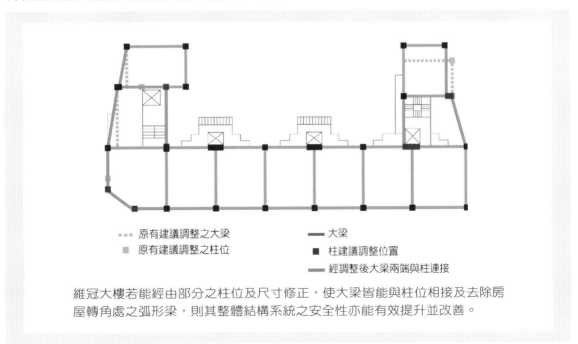

┄┄ 原有建議調整之大梁   ━━ 大梁

■ 原有建議調整之柱位   ■ 柱建議調整位置

━━ 經調整後大梁兩端與柱連接

維冠大樓若能經由部分之柱位及尺寸修正，使大梁皆能與柱位相接及去除房屋轉角處之弧形梁，則其整體結構系統之安全性亦能有效提升並改善。

內政部最新不動產資訊顯示，全台30年以上老屋計有370萬戶，以新北市近63萬戶最多，其次為台北市54萬戶，兩者合計117萬戶，占全國老屋比逾3成1。

前內政部長李鴻源也曾提醒，大台北地區住宅密集，這些老舊建築防震係數不足，一旦發生規模6.3級的淺層地震，估算會有4、5千棟房屋倒塌，傷亡人數與經濟損失恐難以估計，台灣無法承受這麼大的災害！

▌ 老屋不耐震，防災都更危老推動勢在必行。

尤其是現今居住型態的轉變，從磚造平房、公寓大廈到社區大樓，建築物一棟比一棟來得高大挺拔，每棟建築平均居住人口也越來越多，就好比921地震東星大樓倒塌造成87人死亡、206地震維冠大樓倒塌一次帶走115條寶貴生命，現在每倒塌一棟社區大樓，影響的家庭數及傷亡數眾多，未來的地震災害更是如此，只要有建築倒塌，整棟大樓的住戶一起遭殃，死傷人數也都是百人起跳，因此建築結構安全更是現在政府、民間不得不重視的居安議題。

「建築結構安全，預防勝於治療！」最好的預防，便是能在建造時就蓋出結構安全的建築物。

「優良的結構規劃設計」與「精準確實的施工品質」才是一棟建築安不安全最重要的關鍵，絕對不是有用鋼筋就一定安全，惟有將每根鋼筋的施作位置及彎鉤都做到精準定位，每根鋼筋的強度才能有效完整發揮，建築才能真正安全。倘若放一堆鋼筋在不對的位置或在該有的接合或彎鉤沒做到位，這樣就沒有辦法讓這些鋼筋真正發揮力量強度。鋼筋施工不到位時，這樣不但對建築安全沒有幫助，有時反而因為鋼筋太密造成混凝土澆置不易而產生蜂窩現象，及增加結構自重，嚴重影響建築之整體耐震能力，對建築安全而言，反而未蒙其利先受其害。

「Alfa Safe 耐震系統工法」的精神

　　首先從結構規劃設計開始，即作全面鋼筋系統化的考量規劃設計；到專業自動化鋼筋加工廠按結構設計施工圖說，做精準確實之一體成型鋼筋彎折施作；屆時鋼筋工班在工地現場，只需做簡單的安裝組立，即可將工地現場較不容易控管品質的鋼筋工程，有效率的輕易達成如藝術品般，完美的建築安全品質最終需求。

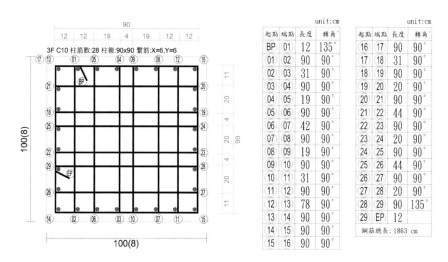

起點	端點	長度	轉角°	起點	端點	長度	轉角°
BP	01	12	135°	16	17	90	90°
01	02	90	90°	17	18	31	90°
02	03	31	90°	18	19	90	90°
03	04	90	90°	19	20	90	90°
04	05	19	90°	20	21	90	90°
05	06	90	90°	21	22	44	90°
06	07	42	90°	22	23	90	90°
07	08	90	90°	23	24	20	90°
08	09	19	90°	24	25	90	90°
09	10	90	90°	25	26	44	90°
10	11	31	90°	26	27	90	90°
11	12	90	90°	27	28	20	90°
12	13	78	90°	28	29	90	135°
13	14	90	90°	29	EP	12	
14	15	90	90°	鋼筋總長:1863 cm			
15	16	90	90°				

unit:cm

3F C10 柱筋數:28 柱籠:90x90 繫筋:X=6,Y=6

■ 整合「鋼筋系統化的設計規劃及自動化加工技術」之系統柱箍加工圖。

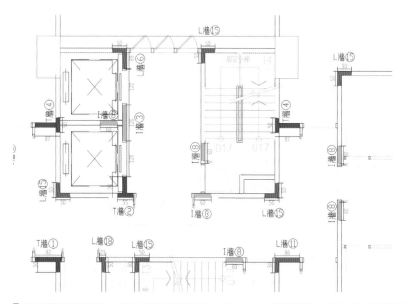

■ 依建築結構設計力學分析及牆體受應力較大之位置規劃系統牆之平面配置圖。

　　因此推動鋼筋系統化的設計流程，即是要將結構鋼筋設計與可執行的施工方式相互比對並確認，使結構設計者的安全力學需求與施工人員施工品質的透明呈現均能無縫接軌，建造出符合規範且耐震安全的房屋，甚至能從開始規劃建構房屋，就將專業的結構力學規劃設計與防裂、防漏水的規劃設計、鋼筋彎折加工研究及現場施工技術相互整合，以達到工期短、品質佳及成本合理的目標。

■ 完美的建築安全品質，建立在「優良的結構規劃設計」與「精準確實的施工品質」之下。

延伸閱讀：
解決問題－找對方法
Alfa Safe 耐震系統工法。

延伸閱讀：
精準確實的「Alfa Safe 耐震系統工法」，建造安全耐震的安心好宅。

「Alfa Safe 耐震系統工法」的優點

　　「Alfa Safe耐震系統工法」的優點在於能將鋼筋在工廠生產成組件化的配件，工人只需在工地做最簡單的組裝即可，這樣不但施工更快速、品質更穩定、耐震韌性再提升，更能確保建造的房屋更安全穩固。並以「系統化system」、「簡單化simple」、「效率化speed」、「標準化standard」，朗朗上口的「4S」作為縮語，使其基本精神能常駐人心。

「Alfa Safe耐震系統工法」施工與一般傳統鋼筋施工之差異

比較項目	Alfa Safe 耐震系統工法施工	一般傳統鋼筋施工
法規標準	符合	符合
安全性	更佳	符合
品質	看得到（工廠加工完成配件化）	不確定（施工現場工人決定）
施工性	更佳	--
成本	略高	--
工期	略短	--

「Alfa Safe耐震系統工法」施工的五大優點如下：

1.安全品質做到－百分百：

　　採用「Alfa Safe耐震系統工法」是利用自動化電腦彎折機。其鋼筋大多是一體成型，且在工廠加工製作成配件化，故其結構安全性會較傳統工法大幅提升之外，品質的確保更是真真實實的看得到、摸得到。

2.鋼筋材料使用－精準化：

　　「Alfa Safe耐震系統工法」全部的鋼筋加工尺寸都先經過嚴密的設計規劃、裁切、加工和彎折，成為規格配件化的組件，電腦彎折機由盤圓鋼筋拉出壓直並依圖形尺寸彎折、裁剪完成，再接續下個系統箍加工，沒有一絲絲鋼筋材料的浪費，材料成本可控制，符合經濟要求。而傳統工法是現場工人依個人經驗未先統合尺寸任意裁切，將造成諸多剩餘長度大小不一，無法再利用之鋼筋損耗問題。

3.降低人力技術－簡單化：

有鑑於建築工人人力日益短缺，以及師傅找不到學徒的困擾，同時為避免人為疏忽和素質參差不齊所產生的施工品質缺失，因此採用「Alfa Safe耐震系統工法」，鋼筋系統化的配件設計，使施工更簡單化和精準化。

4.鋼筋綁紮標準－明確化：

依鋼筋標準施工圖，以傳統的方式綁紮，其綁紮程序非常繁複，工程師必須看著密密麻麻的鋼筋，逐根逐根比對數量、彎折點，還有搭接長度等，以確定鋼筋施工的正確性，確保工程品質，此項品管查核工作，相當不容易。而系統化鋼筋使鋼筋綁紮完成之位置、線條都非常地清楚簡單，讓檢查人員能夠一目了然，能做有效率及正確的品質查核。

■ 只需簡單的套拉動作，即可輕鬆完成如精品、藝術品般的施工成果。

■ 全部鋼筋加工尺寸都嚴密的規劃，裁切、自動化加工彎折，成為標準配件綁紮，施工精準容易查驗。

延伸閱讀：
「Alfa Safe耐震系統工法」
鋼筋不僅施工品質更優良，施工效率更是大幅提升。

延伸閱讀：
「Alfa Safe耐震系統工法」
施工品質一目了然，查核工作更正確更有效率。

5.鋼筋配件施工－效率化：

由於前置的鋼筋設計規劃作業完備，及加工廠鋼筋配件化的加工成型，取代工地現場施工困難的綁紮作業，且牆筋可與柱筋同時綁紮組立，無須靠單面模版才能施作。在施工品質上可完全符合圖說標準之外，並可大大有效提升施作品質及整體強度。

■ 以完備的前置規劃作業，以及加工廠配件化加工成型，替代工地現場施工困難的綁紮作業，工作效率看得見。

延伸閱讀：
「Alfa Safe耐震系統工法」
系統牆鋼筋綁紮。

延伸閱讀：
「Alfa Safe耐震系統工法」
鋼筋配件化施工，施工迅速品質優良。

「Alfa Safe 耐震系統工法」的創新

結構安全的鋼筋綁紮施工是非常重要的工作，從921地震及兩次的206地震房屋倒塌所造成傷亡的慘劇就可得知。社會大眾都會質疑為何工人不好好綁紮施工呢？一個原因是建築業者給得價錢太低，工人只好忽略部分綁紮細節。另一個原因是鋼筋施工過於繁瑣，工人容易綁紮錯誤或不會綁，而這樣的問題卻沒有找對方法，一直存在著沒有改善。所以，發展一套可行的新工法，代替傳統工法，讓工人可輕鬆完成施工，而其綁紮工資建築業者可接受，亦符合結構圖說的要求，就成了解決結構安全問題的目標。

經過無數的試作挫折、檢討與修正，系統化鋼筋工法終於產生。鋼筋師傅執行後感嘆的說：「這是我這一輩子綁過最好的鋼筋品質，鋼筋系統化由繁化簡，技術很簡單又符合規定，過去與結構技師的衝突得以化解了，還受到查驗結構技師的誇讚！」，工人的臉充滿自信與肯定的尊嚴，沒有過去像是昧著良心綁紮，等著被人抓的苟且心態。「Alfa Safe 耐震系統工法」是建築新思維的工法可以替代傳統鋼筋工法，確實解決鋼筋繁複綁紮的施工問題。

「Alfa Safe耐震系統工法」就是運用「鋼筋系統化的設計規劃」及「自動化加工技術」，來解決鋼筋的加工綁紮與組裝問題，讓鋼筋加工配件化、綁紮標準化與防呆化（簡易施工），來達成最佳的鋼筋工程施工品質，及有效提升房屋結構整體的耐震能力。

「Alfa Safe耐震系統工法」四大創新

System 系統規則化	Standard 規格標準化
使用一根鋼筋連續不間斷彎紮一體成型，且在工廠加工製作成配件化，故其結構耐震大幅提升，安全品質看得見。	全部鋼筋加工尺寸都先經過嚴密的規劃、裁切、自動化加工和彎折，成為配件化的組件，標準綁紮看得見。
Simple 防呆配件化	Speed 作業效率化
避免因人為疏忽和工人素質參差不齊，所產生的施工品質缺失，進而使綁紮更加容易和精準，施工簡單看得見。	以完備的前置規畫作業，以及工廠鋼筋配件式的加工成型，替代工地現場施工困難的綁紮作業，工作效率看得見。

▌國家地震實驗研究單位：國家地震工程研究中心。

▌多軸向試驗系統(MATS)試驗台。

▌亞利預鑄場：鋼筋混凝土實體試驗模型製作。

「Alfa Safe 柱中柱®」經國家地震中心試驗耐震韌性提升近一倍

　　「Alfa Safe 柱中柱®」工法，除採用「Alfa Safe系統柱」箍外，在其柱內再增設柱鋼筋及圓型箍筋，得以強化柱核心的圍束及韌性，經國家地震工程研究中心之實體試驗證明，其耐震韌性提升近 1 倍。

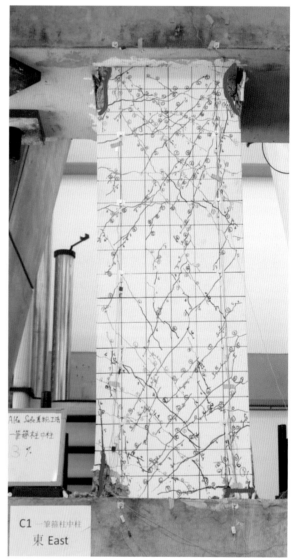

| 傳統柱 | 柱中柱 |

■ 實體試驗過程中，傳統柱於固定軸力及水平反覆載重至層間變位3%時，柱體已產生撓剪破壞無法承受軸力，而柱中柱只有些微上下兩端保護層裂紋，整個柱體完整並持續承受軸力。

傳統柱　　　　　　　　　　柱中柱

■ 實體試驗過程中，柱中柱於層間變位6%時，柱體保護層剝離，柱
　核心仍完整無破壞並能持續承載上部軸力，與傳統柱之撓剪破壞
　截然不同。

延伸閱讀：
「Alfa Safe柱中柱®」
施工綁紮說明。

■ 柱中柱試驗後之柱體內部系統
　箍平整完好及主筋垂直無扭
　曲。

■ 「Alfa Safe柱中柱」有效發揮
　韌性結構「小震不壞、中震可
　修、大震不倒」的韌性效能 。

延伸閱讀：
「Alfa Safe柱中柱®」
系統工法鋼筋技術教育
訓練。

「Alfa Safe 系統牆®」耐震韌性提升約三成 抗震防線更穩固

　　將原本一根一根分段的水平筋，改採用以一根鋼筋在加工廠中，連續彎折無斷點一體成形的系統牆箍筋，施工時僅需將系統牆箍套入後直接與垂直筋及補強筋綁紮，模組化精確度增高。且牆的兩端圍束，可發揮像梁與柱的抗剪力及承載力之效果，更能強化結構安全，比傳統方式綁紮的牆筋更具耐震能力。

　　「Alfa Safe系統牆®」工法，在各種牆部位的轉角處、正交處及端部等，都以鋼筋加工廠所彎折的「Alfa Safe系統牆」配件進行施工，其施工品質精準確實。經國家地震工程研究中心之實體試驗證明，其耐震韌性較傳統牆增加約33%，使整體房屋建築安全更加穩固。

一般工地組

系統牆組

■ 耐震韌性提升約33%為傳統強韌性之1.33倍，有效發揮第二道抗震功能。

▌「Alfa Safe系統牆」，精準定位，模組化精確度增高。

▌「Alfa Safe系統牆」工法品質呈現。

▌施工時僅需將系統箍套入後直接與垂直筋及補強筋綁紮。

延伸閱讀：
「Alfa Safe 系統牆」工法品質完整呈現與解說－中麗建設璞遇。

延伸閱讀：
「Alfa Safe 系統牆」工法品質完整呈現－中麗建設心閱三品。

「Alfa Safe 耐震系統工法」的執行

鋼筋加工廠加工品質輔導與認證

　　為能確保執行鋼筋系統工法之施工品質，以在源頭之鋼筋加工廠即有效執行加工品質控管，因而開始進行鋼筋加工廠之加工品質認證與輔導。「建築安全履歷協會」主動義務特別對鋼鐵廠進行鋼筋材料加工生產管理、鋼筋出貨管理及鋼筋加工能量之察證，並規劃鋼筋彎折加工標準圖進行鋼筋加工彎折精準度、綁步、鋼筋出貨載運架固定方式等實做檢測。

■ 鋼筋彎折加工品質查證。

■ 系統柱牆箍定位綁固牢度檢測。

■ 鋼筋加工廠廠區材料管理查證。

■ 加工治具綁紮查證。

延伸閱讀：
建築安全履歷協會系統鋼筋一條龍技術整合。

延伸閱讀：
建築安全履歷協會輔導認證讓系統鋼筋加工品質更有保障。

鋼筋技術士受訓認證

　　「建築安全履歷協會」為落實鋼筋施工品質要求，為此亦主動義務推動系統工法鋼筋技術士之證照受訓與考試。此屬於工地之現場考試檢定，檢定項目包括前置的結構安全重點教育與鋼筋綁紮規定之要求說明，考試項目包括系統柱及系統牆等，以現場之實體系統柱牆鋼筋綁紮成品做為考試評核之依據，兩項考試皆通過者，將頒給系統工法鋼筋技術士之證照。故可全面提升工地鋼筋工之結構安全觀念及系統工法技術之精進以提升鋼筋施工品質，且有別於國家鋼筋技術士檢定，只針對個人之鋼筋專業認可，而無法有效改善工地施工品質之問題。

■ 鋼筋技術士認證考試-結構安全重點教育訓練與考試說明。

■ 鋼筋技術士認證考試-系統柱實際操作考試。

■ 鋼筋技術士認證考試-系統牆實際操作考試。

■ 鋼筋技術士認證考試，考試完成合影。

延伸閱讀：
「建築安全履歷協會」鋼筋技術士受訓認證，考前教育訓練。

延伸閱讀：
「建築安全履歷協會」鋼筋技術士受訓認證，培育「職人」精神。

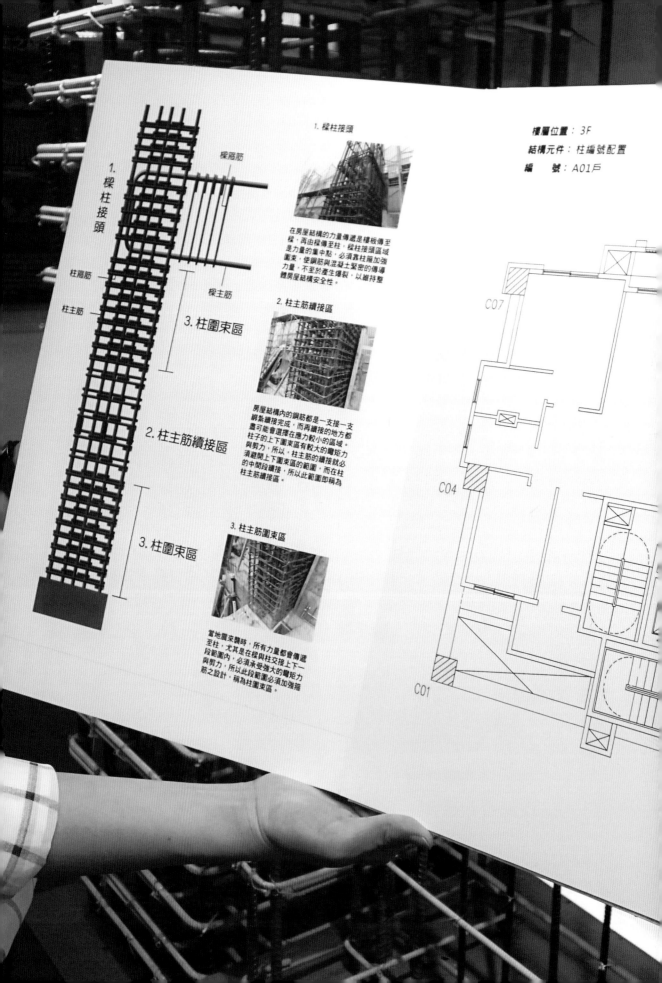

1. 梁柱接頭

1. 梁柱接頭

在房屋結構的力量傳遞是樓板傳至梁，再由梁傳至柱，梁柱接頭區域是力量的集中點，必須靠柱箍加強圍束，使鋼筋與混凝土緊密的傳導力量，不至於產生爆裂，以維持整體房屋結構安全性。

2. 柱主筋續接區

2. 柱主筋續接區

房屋結構內的鋼筋都是一支接一支盡可能會選擇在應力較小的區域。鋼糸續接完成，而再續接的地方都柱子的上下圍束區有較大的彎矩力與剪力，所以，柱主筋的續接就必須避開上下圍束區的範圍，而在柱的中間段續接，所以此段範圍即稱為柱主筋續接區。

3. 柱主筋圍束區

3. 柱主筋圍束區

當地震來襲時，所有力量都會傳遞至柱，尤其是在梁與柱交接上下一段範圍內，必須承受強大的彎矩力與剪力，所以此段圍圍必須加強箍筋之設計，稱為柱圍束區。

樑箍筋

1. 梁柱接頭

柱箍筋

柱主筋

樑主筋

3. 柱圍束區

2. 柱主筋續接區

3. 柱圍束區

C07

C04

C01

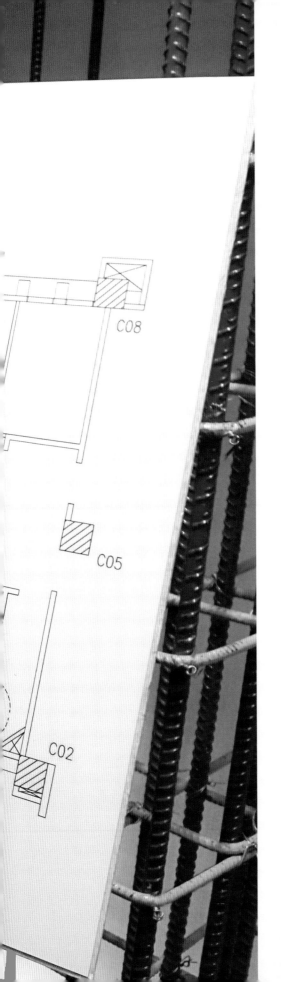

第 *3* 章
「建築安全履歷」
還是一般建築生產履歷？

本章重點摘要

■「建築安全履歷」的深層意義在於結構安全施工品質完全透明化呈現，而非一般「建築生產履歷」訴求的生產過程流程基本介紹。因為若只有生產流程的介紹，這樣當然無法呈現大家最關心的居住安全部份的施工品質的每個細節。

■ 建築安全履歷認證五大要點：
1. 優良結構系統。
2. 耐震系統工法。
3. 施工品質完整呈現之建築安全履歷。
4. 第三方進駐品質查驗。
5. 舉辦各類施工品質透明化呈現之觀摩會。

延伸閱讀：
「建築安全履歷」讓消費者眼見為憑，把建築物的施工品質細節完全透明化。

何謂「建築安全履歷」

　　「建築安全履歷」係指營建團隊將「每個施工品質細節」的施工品質查核紀錄的存證。從材料進場的檢驗，一直到施工中的檢查與缺失修正等，都留下完整的施工紀錄，每一戶都能有一本自己家房子的建築安全品質透明化的「建築安全履歷」做為交屋時移交的重要文件之一，也讓購屋者交屋時可以比對及保存之用。

　　台灣的住宅類建築，絕大多數仍以鋼筋混凝土（RC）構造為主，鋼骨鋼筋混凝土（SRC）為輔，因此房屋結構的鋼筋工程及混凝土工程之施工品質，對建築的整體安全，占有決定性的關鍵影響。

　　鋼筋混凝土工程施工品質不良的後果，就是小地震來時房屋會產生裂縫，引起外牆滲水及內部鋼筋鏽蝕與房屋混凝土表層崩裂，影響居家生活品質及縮短房屋使用壽命；大地震來時，房屋可能直接遭受破壞，使人無法居住，甚至房屋倒塌，危害生命安全。

　　所以在房屋建造過程中，除了混凝土之施工品質之外，結構鋼筋工程施工品質部分更是最不容易做到，也最應該被檢驗的項目。所以「建築安全履歷」就是將每戶的鋼筋混凝土之細節施工品質，做最完整的透明化品質呈現，提供給購屋者。

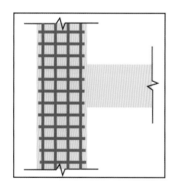

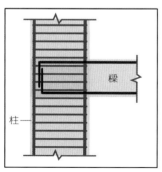

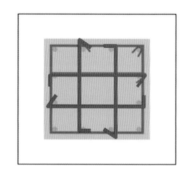

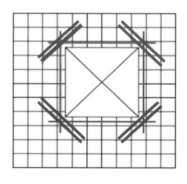

■ 管理優良的營建團隊，會習慣做施工品管紀錄，並監督工人施工品質。

建築安全履歷認證的流程

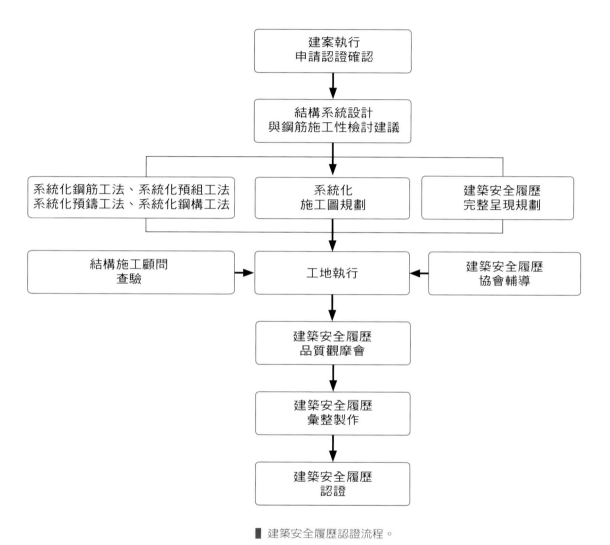

▌建築安全履歷認證流程。

　　戴雲發結構技師長久以來致力於推動建築安全履歷的建置與實行，目的就是為了更加落實建築安全的理念，以保障消費者居住安全需求。並成立「社團法人建築安全履歷協會」推動建築安全設計之規劃研究、建築安全施工品質之工法研究、培訓建築專業人才及職人技能訓練、提供建築安全品質專業資訊平台、推動宣導建築安全品質的觀念、建築安全履歷標準之訂定及認證。

建築安全履歷認證的五大要點

　　「建築安全履歷協會」的標準品質認證，需完整記錄整個設計、營造施工的每個細節安全品質有關的過程，以確保建築真正達到安全的品質，其中大致可歸納五大要點，包括：

一、結構系統方正對稱及符合施工性

　　建案之結構體平面設計四平八穩，地震來時扭力較小，以及設計時考慮每根鋼筋之施工性，讓工人能如實按圖施作，把每根鋼筋定位確實，建造結構安全穩妥的耐震好宅。

■ 結構系統多跨方正對稱且每根鋼筋規劃設計均符合現場施工性
－中麗建設心閱三品。

二、採用創新建築4.0的耐震工法

隨著建築4.0的時代來臨，如：預鑄工法、預組工法、系統工法……等，而本案則是採用「Alfa Safe耐震系統工法」，此工法具有精準確實的施工品質，鋼筋綁紮穩固、彎度足抗震佳等之優點。

▌國家地震工程研究中心實體試驗-試體進場。

▌國家地震工程研究中心實體試驗-(右)戴雲發理事長與(左)試驗主持人
　林克強博士。

■ 國家地震工程研究中心實體試驗-「Alfa Safe柱中柱®」試驗。

延伸閱讀：
「Alfa Safe柱中柱®」試驗過
程全紀錄耐震韌性大幅提升。

延伸閱讀：
結構安全對策-
「Alfa Safe柱中柱®」。

▍「Alfa Safe耐震系統工法」-柱中柱。

延伸閱讀：
柱中柱－最安心的柱－住的最
安心－中麗建設心閱三品。

延伸閱讀：
「Alfa Safe柱中柱®」工法施
工品質完整呈現。

■ 「Alfa Safe耐震系統工法」-系統柱。

延伸閱讀：
「Alfa Safe 系統柱」結構優點
及施工介紹。

延伸閱讀：
「Alfa Safe 系統柱」工法品質
完整呈現。

■ 「Alfa Safe耐震系統工法」-系統牆。

延伸閱讀：
「Alfa Safe系統牆」品質
呈現-中麗建設心閱三品。

延伸閱讀：
「Alfa Safe系統牆」工法
品質完整呈現。

三、提供安全品質完全透明化之「建築安全履歷」

　　針對柱梁牆版等應力集中容易產生破壞處及一般工地不易施工且易影響建築安全品質處，在施工前由協會依個案配置平面不同量身製訂需拍攝的重點位置，再透過圖像建檔完整記錄，交屋時，每戶當層一冊建築安全履歷。

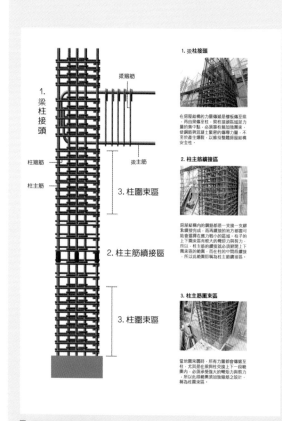

■ 履歷規劃呈現。

■ 履歷規劃拍照重點。

延伸閱讀：
堅持品質是唯一的路 - 建築安全
履歷認證 - 中麗建設心閱三品。

延伸閱讀：
「建築安全履歷」施工品質完全
透明化。

四、公正第三方進駐工地品質查驗

　　建案之施工品質經由「建築安全履歷協會」受訓認可通過之施工人員、查驗單位技師或工程師進駐工地，依協會統一施工查驗標準來施工及查驗品質，並拍照存檔記錄。

■ 公正第三方單位查驗-梁版鋼筋查驗。

■ 公正第三方單位查驗-柱牆鋼筋查驗。

延伸閱讀：
公正第三方單位查驗－梁版鋼筋查驗。

延伸閱讀：
公正第三方單位查驗－柱牆鋼筋查驗。

延伸閱讀：
公正第三方單位查驗－混凝土澆置施工查驗。

五、舉辦各類施工品質呈現觀摩會

　　每個建案舉辦一樓「鋼筋施工觀摩會」及標準層之「建築安全履歷品質觀摩會」，讓建築同業、政府單位、學術單位、消費大眾及媒體朋友親身感受建築團隊的用心，透明化的施工品質眼見為憑，也令購屋者更安心、放心。

■ 一樓鋼筋施工觀摩會。

延伸閱讀：
一樓鋼筋施工觀摩會全紀錄－建築安全履歷認證。

■ 建築安全履歷品質觀摩會。

延伸閱讀：
一樓鋼筋施工觀摩會－鋼筋技術士考試觀摩。

■「建築安全履歷認證標章」與「Alfa Safe耐震系統工法」獎座。

延伸閱讀：
建築安全履歷品質觀摩會全紀錄－建築安全履歷認證。

延伸閱讀：
建築安全履歷品質觀摩會－新聞媒體報導。

建築安全履歷執行的精神

一、極致服務的目標

　　為業主服務的工作必須做到極致，才能讓客戶感受到其價值及令其感動。所以「建築安全履歷協會」絞盡腦汁不斷提出創新的服務為目標，走別人不敢走的路，因為一般傳統低價競爭，只求好施工不談好品質的做法，成果無法令人感動、品質也不可能達到安全的需求。建築安全履歷協會認證過程中的鋼筋加工廠加工品質輔導與認證、鋼筋技術士證照考試、協辦「一樓鋼筋施工觀摩會」、「建築安全履歷品質觀摩會」及每次查驗過程影片的呈現等等，都是為達成極致安全品質服務而執行的工作任務，藉著專業一條龍的技術整合協助業主的結構施工品質全面提升。

二、有效解決疑難問題

　　「建築安全履歷協會」對於建築業者的任何工程問題，一定以想辦法有效解決問題的心態全力以赴，不會依循傳統既有模式應付帶過。因為我們深深覺得找對方法解決問題才是最重要的，也更能達成事半功倍、立竿見影之效，為建築業者在最短的時間內，創造最大的效益及價值。「建築安全履歷認證」為有效解決鋼筋施工品質，要求施工必須採用「Alfa Safe耐震系統工法」或鋼筋籠預組工法或預鑄工法；為有效解決業界因混凝土施工性不足而偷加水的問題，而建議採用坍度22cm以上之高坍混凝土，這都是從問題根源找解決方法的正確實務精神。

三、用心讓大家看得見

　　既然有好的方法為建設業主執行建立高品質的成果，當然要經由營建同業、政府單位、學術單位、消費大眾的審視及媒體的報導廣為宣傳，這也是對自己的考驗，若是為業主做的不盡完美，如何敢透明化的讓大家看的一清二楚呢？但若是努力執行成功的話，業主的好品質好品牌建立指日可待。建築安全履歷認證執行過程中的「一樓鋼筋施工觀摩會」、「建築安全履歷品質觀摩會」、各查驗過程之品質呈現影片及最後交給住戶的建築安全履歷等等，都是為了將建設業主整個營建團隊的用心讓大家看見，更希望藉此結構安全品質的成功模式吸引更多營建業者一起來努力，共同提升台灣的建築安全施工品質。

第 **4** 章

Alfa Safe「建築安全履歷」
安全品質透明化~
「中麗建設 - 心閱三品」

本章重點摘要

■ 銷售中心結構安全呈現展示規劃。

■ 鋼筋加工廠品質輔導與認證。

■ 系統鋼筋技術士證照之考試。

■ 建築安全履歷之「一樓系統鋼筋施工觀摩會」。

■ 混凝土材料與施工品質管控。

■ 建築安全履歷之「施工品質觀摩會」。

■ 住戶建築安全履歷書冊呈現。

■ youtube 網路影音品質呈現。

延伸閱讀：
「中麗建設－心閱三品」施工安全品質細節完整呈現，從鋼筋加工到施工品質查驗，一樓「系統鋼筋施工觀摩會」。標準層「施工品質觀摩會」到「建築安全履歷」授證，完整影音呈現，讓購屋大眾買得安心，住的放心 ......more。

銷售中心結構安全呈現展示規劃

　　每個建案的銷售中心往往會精心製作樣品屋及設備樣板，做為銷售人員向購屋者解說用並形成建案獨特的吸引力，相同的道理，Alfa Safe 建案針對「Alfa Safe 耐震系統工法」獨特的優點及執行建築安全履歷過程的精髓重點，也必須配備鋼筋實體模型及履歷執行流程解說看板等等。其目的是藉由銷售人員的說明，讓購屋者清楚明白 Alfa Safe 建案在執行結構安全品質的用心之處，有別以往銷售中心只能向購屋者介紹外在美及室內平面規劃，讓購屋者眼見為憑，Alfa Safe 建案則會致力於訴求內外兼具、內外皆美的百年安全安心建築。

一、鋼筋實體模型之規劃與組裝

　　鋼筋實體模型是依銷售中心的場地大小量身訂做規劃，必須先確認可使用的空間及場可組裝的高度，其進行流程如下：

1. 鋼筋實體模型規劃：

　　協會依建案執行的各類「Alfa Safe 耐震系統工法」，例如：柱中柱、系統柱、系統牆、梁穿孔補強一體式配件等進行規劃，包括鋼筋實體模型的底座，小模型置放的直立櫃及影片播放的電視大小與高度位置等等。

2. 工地負責鋼筋訂料及上漆：

　　規劃圖內標註各號鋼筋製作尺寸、數量、型式及顏色，工地依圖訂鋼筋料及上漆。組裝前依規劃圖之鋼筋料之尺寸、數量及顏色比對無誤後，即可進行組裝其加工完成的鋼筋料尺寸及數量比對是非常重要的工作，稍有失誤即無法順利完成。

3. 銷售中心組裝：

　　工地派鋼筋工到銷售中心依規劃圖進行組裝，協會人員亦會在場協助指導，過程拍照並做成影片紀錄。其組裝流程為：鋼筋材料清點及分類、系統柱組裝、系統柱與梁連結組裝、系統牆與梁連結組裝。

▌「Alfa Safe 耐震系統工法」實體模型耐震韌性展現。

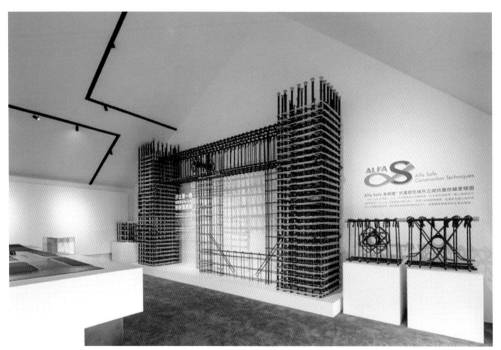

▌「Alfa Safe 耐震系統工法」實體模型結構安全呈現展示。

▌鋼筋實體模型展現—中麗建設心閱三品。

二、結構安全展示呈現標準配備

為能讓銷售人員精準解說「Alfa Safe耐震系統工法」及「建築安全履歷」認證流程，如何構思結構安全展示之配備相當重要，目前制定之標準配備分類如下：

1.「Alfa Safe耐震系統工法」類：

鋼筋實體模型、傳統工法與系統工法比較之小模型、鋼筋系統工法優點說明看板、「Alfa Safe耐震系統工法」與傳統工法比較表說明及全棟各樓層系統工法施作位置之剖面圖解等等。

2.「建築安全履歷」認證類：

品質查驗報告書、建築安全履歷範本、建築安全履歷認證與耐震標章及其他建築生產履歷比較表說明等等。

　　所有的標配都能讓銷售人員精準解說一次到位，所有的表板都能協助銷售人員說出精簡有力的詞句，讓購屋者對建案結構安全的用心印象深刻，協會亦會派專人對銷售人員進行整套結構安全展示標配之教育訓練，是一條龍的完整技術服務。

▌「Alfa Safe 耐震系統工法」精準解說一次到位。

▌「Alfa Safe 耐震系統工法」講解。

■ 鋼筋施工品質保證－一條龍技術整合執行。

延伸閱讀：
「Alfa Safe耐震系統工法」
鋼筋實體模型組裝－縮時攝
影。

延伸閱讀：
一條龍整合方式呈現，銷售中
心「Alfa Safe耐震系統工法」
鋼筋模型組立。

小故事
實體經歷　讓人一目了然

　　有一次到建設公司銷售中心，對方很熱誠地介紹預售屋的所有標準設備，每一種配備都有其獨特性的操作樣板及精準介紹說明，例如：標配進口抽油煙機與一般抽油煙機的比較，可以清楚看到兩種設備其油煙被排除的明顯差異狀況，讓聽者一目了然及確認建案標準設備的優點及公司的用心，一時才恍然大悟，推動「Alfa Safe 耐震系統工法」及「建築安全履歷」已十多年，卻很少用心於銷售中心的系統鋼筋實體模型及電子表板展示，當然購屋者會聽得一頭霧水，無法被建案在結構安全耐震的特別用心所打動，所以為了推動 Alfa Safe 建築安全履歷的工作、為了讓銷售人員成為最好的解說員，一切的文字、語音及實體道具務必樣樣具備，使建案的結構安全展示能一條龍整合式的呈現。

鋼筋加工廠品質輔導與認證

　　過去業界對於一體式的系統箍並沒有統一的鋼筋加工品質標準，甚至鋼筋加工廠將一體式系統箍彎折完成後，未以鋼筋尺寸定位之治具固定尺寸綁固，各個彎折點之尺寸不一就直接送工地，造成工地現場綁紮困難且精準度不佳等。因此，建築安全履歷協會開始擬定鋼筋加工廠之品質認證標準，並針對全省有電腦彎折機之鋼筋加工廠進行輔導與認證，期能讓「Alfa Safe 耐震系統工法」的前端加工作業及現場的鋼筋綁紮，都能品質精準到位，使房屋結構更安全耐震。

一、鋼筋加工廠輔導與認證項目

1. 鋼筋加工廠品質管理：

　　針對鋼筋加工廠之材料進廠之物理性及規範強度自主檢測、廠區物料之分類與編號掛牌管理、廠區人員及車輛進出動線管理及電腦自動化鋼筋彎折加工機械設備之種類與數量等等，以能了解鋼筋加工廠每日可加工之系統鋼筋量能、可加工之最大鋼筋號數規格及整體加工廠之品質管理能力。

2. 鋼筋加工彎折精準度：

　　「建築安全履歷協會」提供一體式系統柱牆鋼筋彎折加工圖，並依圖進行鋼筋加工廠實際彎折打樣檢測。其彎折加工精準度要求重點：鋼筋加工彎折後務必執行鋼筋治具之定位綁固作業；系統柱箍於周邊各迴路至少綁一步，而且中間鋼筋交錯處每支至少綁一步，定位綁固後之尺寸檢測標準為在 1d 範圍內；綁固後的系統鋼筋提高至一定高度使其掉落後，目視是否有尺寸位移之綁固牢靠度檢測等等。

3. 鋼筋加工廠出貨管理：

　　針對鋼筋加工廠之出貨區管理、鋼筋加工成品之編號吊掛牌、鋼筋加工成品之防護措施、鋼筋加工成品吊料架之綁固作業等等，以能確認各工地鋼筋出貨之正確性及出貨搬運載送過程中，一體式系統鋼筋之加工尺寸仍可精準保持，不因車輛搬運之震動產生尺寸之誤差而影響施工品質。

▊ 鋼筋加工廠物料管理評估。

▊ 電腦加工彎折機操作。

▊ 系統柱箍加工以治具定位綁固。

▊ 系統箍加工精準度量測。

▊ 系統箍加工品質評估。

▊ 鋼筋加工廠出貨管理評估。

延伸閱讀：
「建築安全履歷協會」執行鋼筋
加工廠施工品質察證。

延伸閱讀：
「Alfa Safe 團隊」協助輔導認
證鋼筋加工系統，讓鋼筋加工品
質有保障。

二、全省北中南已品質輔導與認證之加工廠

協會於 105 年中，開始進行鋼筋加工廠之品質輔導與認證之工作，並發給階段期限至 107 年 12 月之證書，經一年半的輔導與認證，成果如下：

縣市	加工廠廠商
宜蘭	宜聯鋼鐵廠、新寶元鋼鐵廠
桃園	嘉山鋼鐵廠、三義鋼鐵廠、大中鋼鐵廠、鉅輝鋼鐵廠、東和鋼鐵廠、均富製網
台中	鎧全鋼鐵廠、大甲鐵材、東和鋼鐵廠（台中）
嘉義	易利隆鋼鐵廠、益達利鋼鐵
台南	朝盛鋼鐵廠、易利晟鋼鐵廠、統榮鋼鐵廠
高雄	永誠鋼鐵廠、肯一鋼鐵廠

後續將依建案「Alfa Safe 耐震系統工法」之執行，再確認各鋼筋加工廠之品質管理優劣，以協助工地整體鋼筋工程之施工品質提升。

註：以上鋼筋加工廠品質輔導與認證供參考，唯其有效日期至 107 年 12 月止鋼筋彎折加工之品質仍應以實際工地進場檢核為準。

小故事
做　讓信念得以實現

在 105 年的 206 地震後，「Alfa Safe 耐震系統工法」的施工品質及抗震效果開始受到營建業的重視，也受邀到各建設公司做工法簡報，有一次被問到「我們的工地遍佈全省，戴技師，你們配合的鋼筋加工廠在哪裡？要找誰聯絡？」一時之間無以應答，對啊？全臺灣有哪些鋼筋加工廠有電腦彎折機可進行「Alfa Safe 耐震系統工法」之鋼筋配件加工？而其加工品質應為何呢？種種鋼筋加工應考慮的問題逐一浮現在腦海中。幾經思考之後，便主動義務執行一年多的全臺鋼筋加工廠義務輔導認證工作，為營建業主提供更完善的「Alfa Safe 耐震系統工法」之執行服務。也回想自己研發「Alfa Safe 耐震系統工法」的一路過程，從第一代、第二代到現在第三代整合工法，經過無數的加工廠測試打樣及工地試作及不倦的推廣，慢慢的讓大家知道施工品質好壞影響結構安全甚巨，內心深深體會「做　讓信念得以實現」，唯有往下貫徹執行，大家就能發揮建築人的專業，為全民蓋耐震好宅的理念才能得以實現。

系統鋼筋技術士證照之考試

在推動「Alfa Safe 耐震系統工法」的過程中，幾乎所有的建設公司都會問：「公司配合的鋼筋工班沒綁過，怎麼辦？協會可以指導鋼筋工綁紮嗎？系統鋼筋是新工法，鋼筋工沒接觸過，如何將鋼筋綁好呢？」諸如此類的疑問，促使主動義務舉辦「系統鋼筋技術士證照」考試的形成。每一個建築安全履歷建案的鋼筋工，需先經過結構安全教育及系統鋼筋綁紮流程的說明後，且在工地實際綁紮考試後成品驗收，考試通過者始核發證照。期能著手於鋼筋品質問題根源的鋼筋工教育，讓建案的鋼筋品質，因為有好的鋼筋工法再加上好的鋼筋綁紮施工品質，使房屋結構更耐震安全也更有保障。

一、系統鋼筋技術士考試之科目

1. 柱中柱：

「柱中柱」主要施作於一樓及一樓夾層的軟弱樓層。在系統柱的內部增設圓形核心柱，即為柱中有柱，使結構柱在內外的雙重加強圍束下，能強化提升房屋的耐震韌性。

2. 系統柱：

「系統柱」是將傳統柱的外箍筋及內繫筋轉化成一體式配件，使其整個結構柱的鋼筋組件變成系統化、組件數量變少，可以簡單精準綁紮。考試重點口訣：版上 5cm 起綁、上下圍束區間距 10cm、4 個角邊柱主筋每步綁、中間區跳步綁、柱主筋靠緊 90 度彎折處綁、梁柱接頭區預留系統柱箍……等等。

3. 系統牆：

「系統牆」是將牆體受力會應力集中處及牆端部以一體式環繞成的配件綁紮而成，使其牆的轉角處及端部的牆鋼筋系統箍形化、完全封閉圍束，可以簡單精準綁紮，沒有傳統牆於轉角處之繁瑣綁紮問題。考試重點口訣：版上 5cm 起綁、垂直筋及水平筋間距依圖說綁紮、#5 補強垂直筋筋每步綁、中間區跳步綁、#5 補強筋靠緊 90 度彎折處綁、牆垂直筋需與版面之牆預留筋對接綁紮……等等。

二、系統鋼筋技術士考試之過程

1. 結構安全教育：

當考試場地佈置就緒並將解說看板掛定位後，集合全體考生進行考前說明與教育。講解項目包括：考試流程、系統工法的優點、結構安全重點及綁紮驗收之評核標準等等，期能經由此考試之教育，讓施工與查驗標準統一，使建案之建築安全履歷執行順暢。

2. 現場考試進行：

先將每一位考生拍照記錄及各組在柱牆位置前拍照記錄，登記確認各組人員姓名後，即開始進行綁紮考試。首先先進行鋼筋領班個別之考試，包括依圖說比對一體式系統箍之尺寸、系統箍分料位置之正確性及數量等。各組綁紮考試期間，鋼筋領班須注意各組之綁紮品質是否依規定之綁步及驗收標準綁紮，若綁紮定位有誤差須立即提醒考生修正，即比照工地實際施工之分工作業模式進行考試。

3. 考試成品驗收：

考試綁紮完成，考生站在綁紮成品的兩側，由主考官驗收並針對綁步要求及驗收重點再說明一次，使鋼筋工考生記得更清楚，即是利用考試的過程，讓鋼筋工不斷重複的接收系統鋼筋綁紮重點及品質要求的訊息，以達成重視結構安全及施工品質之觀念。

■ 鋼筋技術士證照考試 - 場地準備。

■ 工法講解。

■ 鋼筋技術士證照考試－主考官驗收。　　■ 鋼筋技術士證照考試－合影紀錄。

延伸閱讀：
鋼筋技術士證照考試－考前講解。

延伸閱讀：
「Alfa Safe 團隊」協助受訓認證
鋼筋技術士，培育「職人」精神。

小故事
系統鋼筋　化繁為簡　容易上手

　　第一次舉辦系統鋼筋技術士證照考試時，鋼筋老闆面色凝重告訴主考官說：
「剛剛跟鋼筋工說今天要系統鋼筋技術士證照考試，每個鋼筋工人都罵聲連連，
一直說要回家，表明今天不想工作賺錢」，鋼筋老闆特別交代我，「麻煩待會考
試時，請你不要太嚴肅，要面帶笑容表達善意。」其實系統鋼筋技術士證照考試
是為指導鋼筋工，使其了解鋼筋系統工法的施工流程，就像組裝系統家俱按照組
裝說明書進行一樣，並說明建築安全履歷執行之鋼筋查驗品質標準，而不是真的
要考他們的綁鋼筋技術。若不以鋼筋技術士考試為名義，鋼筋工怎可能乖乖的聽
講呢？但執行後，每位鋼筋工都笑容滿面，因為他們只是按照組裝流程及查驗口
訣進行綁紮，再控制垂直精準度，考試的綁紮成品有如鋼筋工藝品，讓他們深深
體驗到，系統鋼筋化繁為簡，容易上手，施工技術真的不是問題。

建築安全履歷之「一樓系統鋼筋施工觀摩會」

　　105 年台南 206 地震的維冠大樓倒塌，當時的媒體報導一直重複一樓柱子鋼筋施工品質問題及一樓隔戶牆敲除造成整棟大樓的倒塌，可見一樓的結構柱及牆的鋼筋施工品質非常重要。因此我們建築安全履歷協會特別推動一樓樓層柱及牆的鋼筋施工品質呈現觀摩會，不但促使整個公司動員一起要求品質以能對外呈現，亦可讓同業及媒體見證 Alfa Safe 建案的一樓柱牆鋼筋的精確品質完整呈現。而且「Alfa Safe 柱中柱」經過國家地震工程研究中心實體試驗，其抗震韌性提升近一倍，幾達傳統工法柱抗震韌性的兩倍，更應該讓社會大眾一起來見證完全的透明化，才是最真實的結構安全保證，也唯有做到百分百品質呈現的「Alfa Safe 耐震系統工法」建案，才敢如此真誠的面對品質，真實對外公開。

一、系統鋼筋施工觀摩會之規劃準備

1. 系統鋼筋施工觀摩會案例影片說明：

　　「建築安全履歷協會」已在 youtube 網頁上，建置許多不同類型工地之系統鋼筋施工觀摩會案例影片，在工地於地下結構體期間，即開始建立群組通知工地工程師、鋼筋廠商及建設公司行銷部閱覽，大家事先在腦中建立起清楚的觀摩會完整圖像，使後續會議能一起討論分工之搭配及共同提出注意事項之建議。

2. 系統鋼筋施工觀摩會前置分工作業：

　　系統鋼筋施工觀摩會的準備項目：現場場地之整理與解說看板佈置、場地動線及系統柱牆示範位置之平面規劃、觀摩會流程時間表制定、來賓及媒體之邀請及觀摩會新聞稿的準備等等，各單位就分工項目自行追蹤辦理。

3. 柱中柱或系統柱示範綁紮之準備：

　　現場以柱中柱或系統柱示範綁紮為主，系統牆綁紮為輔，工地先備妥施工架及每柱分配四位鋼筋工。為有效控制觀摩會之時間，先將梁柱接頭之柱中柱或系統柱箍綁紮完成，以梁下之柱中柱或系統柱做為示範綁紮，以能減少整個綁紮過程時間。於觀摩會前一天，協會理事長將到工地現場再親自巡視確認，做最完善的準備。

二、系統鋼筋施工觀摩會之過程

1. 頒發系統鋼筋技術士證照：

　　執行建築安全履歷之建案都是採「Alfa Safe 耐震系統工法」，於地下室結構期間須執行系統鋼筋技術士證照考試，考試通過者於一樓系統鋼筋觀摩會中頒發證照，協會理事長亦將針對「Alfa Safe 耐震系統工法」之優點：系統規則化、規格標準化、作業效率化、防呆配件化進行解說。

2. 柱中柱或系統柱現場綁紮示範：

　　鋼筋工比照系統鋼筋技術士證照考試之過程，實際操練示範綁紮，鋼筋領班亦在旁指導務必綁紮精準到位，協會理事長在旁解說系統柱綁紮流程、綁步要求及查驗重點，來賓亦藉此示範過程體驗系統鋼筋之優點。示範綁紮完成後，理事長將逐項比對驗收，使全體來賓亦清楚系統鋼筋技術士證照考試的整個流程。

3. 系統鋼筋品質呈現解說：

　　系統鋼筋施工觀摩會的主要目的是要讓外界見證建案的一樓鋼筋施工品質，理所當然柱中柱或系統柱及系統牆的品質呈現就必須詳細解說，讓更多的人口耳相傳建案的用心程度。解說重點：一體式配件化、柱中柱或系統柱箍精準整齊定位、柱內部環環相扣圍束耐震佳、系統牆轉角及端部封閉圍束、系統牆 #5 補強筋的挺拔直立、「Alfa Safe柱中柱」中間核心圓柱的抗震韌性強化 …… 等等。

█ 「Alfa Safe耐震系統工法」解說。

■ 營建同業現場熱烈參與「一樓系統鋼筋施工觀摩會」。

■ 「Alfa Safe 柱中柱」施工品質解說。

▌「Alfa Safe 系統牆」施工品質解說。

▌「Alfa Safe 耐震系統工法」現場綁紮觀摩。

■「一樓系統鋼筋施工觀摩會」舉辦成功。

延伸閱讀：
一樓鋼筋施工觀摩會－鋼筋技
術士考試示範
－中麗建設心閱三品。

延伸閱讀：
Alfa Safe 耐震系統工法一樓
鋼筋施工觀摩會全紀錄。

小故事
給自己壓力　才會做得更好

　　在一次施工觀摩會的現場，有建設公司的副總突然問：「建築安全履歷的工地一定要辦觀摩會嗎？參觀的人故意挑毛病，不是很麻煩嗎？要如何應付？」確實，每次品質觀摩會的壓力都很大，就像要把個人私密的房間公開給大家看一樣，必須將房間的裡裡外外，包括抽屜及床底都必須面面俱到。確實會有人提出許多施工建議，但質問的對象都不會是建設公司業者，因為同業間都非常肯定願意用心於施工品質提升的建案，內心都會豎起大拇指，而會提出質問的人，都是技師級或具備經驗豐富的工程人士，他們主要會針對建築安全履歷協會建議一些個人的專業看法和經驗交流，協會都會謙虛的點頭如搗蒜般記取提問重點，並予以解說或討論，當然有可行又更好的意見時，我們一定樂意修正建築安全履歷執行的品質標準及執行模式讓日後執行更順暢完整。所以不用擔心，只要將品質做好，讓來觀摩的同業一起向上提升，蓋結構安全的好房子，這才是對社會貢獻最大，也才是全民的福祉。

混凝土材料與施工品質管控

　　RC 建築結構體的組成是鋼筋及混凝土，有最好的「Alfa Safe 耐震系統工法」執行鋼筋工程，當然須搭配最佳的混凝土材料與施工品質，才能建造結構最安全的好宅。鋼筋就像人體的骨骼，混凝土就像人體包裹筋骨的肌肉，強健的身體必須靠好的筋骨與肌肉的結合，缺一不可。建築安全履歷協會針對業界常發生的施工現場混凝土偷加水的問題，建議為改善混凝土澆置之施工性，採坍度 22cm 以上之高坍混凝土解決；全省爐碴屋的問題，建議以 AMS 快篩或相等效能方法檢測來杜絕再次發生，這樣從混凝土品質有可能產生問題的根源處做有效解決，這才是品管的最佳方法。

一、採坍度 22cm 高坍混凝土

1. 混凝土坍度與工作性的關係：

　　混凝土的坍度越大代表工作性越好，越容易將混凝土有效搗實與鋼筋充分握裹，避免蜂窩的產生，其坍度必須依各地砂石、水泥等材料的特性，經由混凝土預拌廠的經驗數值調配設計，試拌及強度試驗等確定制定而成，才可符合結構設計的強度需求，建造結構安全的房子。相同的混凝土強度配比設計，坍度越大者，因需較多的水泥量與添加劑，其混凝土採發成本亦相對較高。

2. 預拌混凝土的坍度管控：

　　混凝土載運、壓送及澆置的過程其坍度都會些微降低，業界稱為「坍損」，實務經驗上，建案與預拌混凝土的合約應包含坍度 22cm 以上的高坍混凝土，當工地依照施工的樓層高度、氣候溫度及版面澆置的工作性等，研判當天預拌廠之出料坍度時，能有更適合施工性的範圍，而不是只有固定的坍度。管控流程：預拌廠第一台出料坍度檢測、混凝土進工地之坍度檢測、頂版澆置之工作性研判、彙整執行坍損狀況及施工性後，再正式開始大量出料。

二、砂石 AMS 快篩杜絕爐碴屋

1. 產生爐碴屋的原因：

　　爐碴屋的問題在於混凝土砂石原料中，含有未經安定化處理的還原碴，這種爐碴是由煉鋼廠煉鋼時所留下的殘留物，原本應廢棄掩埋，但遭廢棄業者任意倒入川中，而砂石業於

採砂石中，不知情下混入。不良爐碴混入砂石後，外觀不易辨識，雖不影響混凝土強度，但入侵建案的混凝土後，遇水就會膨脹數倍，濕氣越高的地區發作的越快，多半在完工後不久，就會在工程表面造成凸起，最後爆開成為一個個點狀的疤痕，所以又被形容為「青春痘屋」。

2. 爐碴屋的避免：

除了政府已開始追查不良爐碴之流向並管制外，預拌混凝土廠業界亦針對不良爐碴具鐵礦物及高鹼的特性，進行砂石的磁吸檢測及酚鈦檢測，判斷採用之砂石有無不良爐碴。建築安全履歷的建案於澆置時，亦會到預拌混凝土廠執行砂石的磁吸檢測及酚鈦檢測，兩者交叉檢測，以杜絕爐碴屋的發生。

本案亞東預拌混凝土公司為避免石品質受到污染，採用一套相當嚴謹的 AMS 快篩專利檢測法，包括自主性的鹼值試驗、磁吸試驗以及熱壓膨脹試驗。

鹼值試驗：是將骨材抽樣以酚酞劑檢驗並量測 ph 值，若呈現紅色警報且數值超標，即為異常。隨即進行第二關磁吸檢驗。異常骨材以 1000 倍放鏡微觀觀測與樣本進行目測比對，同時進行高溫高壓的熱壓膨脹試驗。

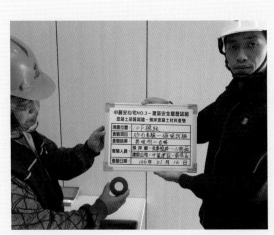

▌ 砂石磁吸檢測。

▌ 砂石 PH 值及酚酞檢測。

▌ 澆置前一天砂石取樣。

▌ 砂石氯離子檢測。

延伸閱讀：
「建築安全履歷協會」混凝土品
質控制，從頭做起，層層把關。

延伸閱讀：
混凝土施工查驗 - 中麗建設心閱
三品，建築安全履歷。

小故事

從問題根源　找解決方法

　　有一次颱風過後，某家建設公司建造的房屋外牆漏水，請我們幫忙到現場會勘，檢討是甚麼原因造成外牆漏水？該建案已接近完工交屋，樓高 18F。我們在建案現場問工地主任幾個問題：工地採用預拌混凝土廠的混凝土合約坍度是幾公分？混凝土澆置時，壓送車旁有人監督否？主任很快地回答：「合約坍度 15cm。工地 3 大棟，3 位工程師，哪有多餘人力可以看管混凝土壓送車。」用坍度 15cm 的預拌混凝土壓送到這麼高的樓層，怎麼可能會有工作性呢？當然壓送車只好偷偷車水，造成混凝土的品質不均及強度減弱，混凝土收縮或大樓受力後，外牆產生裂縫漏水當然是無可避免的；這就是一般營建業傳統的觀念，總想以最低的材料成本及最少的人力，完成整個建築營建工程，不願多花一些成本，採用適當工作性的預拌混凝土，不願多花一些管理人力成本，加強工地現場的品質管理，總是等到發生問題時，再以修補的方式彌補瑕疵，這是一種傳統的鴕鳥心態。知道問題的根源在哪裡，也知道解決的方法，卻不面對，以這樣的心態蓋房子，要提升施工品質確實很難。

建築安全履歷之「施工品質觀摩會」

當工地現場的鋼筋綁紮施工品質都已經達到建築安全履歷協會所制定的標準時，建築安全履歷協會將協助辦理現場 Alfa Safe 建築安全履歷品質觀摩會，目標以 5 樓至 8 樓柱牆鋼筋綁紮之完整呈現做為觀摩場地。觀摩樓層的時間點、觀摩會時間流程、動線安排及媒體邀請等，將由建築安全履歷協會派專員與工地討論籌劃，藉由品質觀摩會的舉辦，與業界分享建案公司品質提升的決心與貫徹，讓媒體親眼見證並傳達建築安全履歷的重要性。

因為很多建築同業、學術單位及媒體朋友想參觀我們的建築安全品質觀摩會，所以本案之施工品質觀摩會舉辦三天共六場，前後將近六七百人次來參觀觀摩會，參觀人數也創了一個新紀錄。

一、觀摩樓層的時間點

執行建築安全履歷認證之建案，其鋼筋工程必須以「Alfa Safe 耐震系統工法」進行，對於此創新的鋼筋工法施工流程，鋼筋工在綁紮技術上尚需一段時間的訓練與溝通，才能將建案的鋼筋精準綁紮定位，且以經過協會考試認證之鋼筋技術士綁紮為主，使能符合建築安全履歷的認證標準，依過去舉辦經驗，品質觀摩會的舉辦時間點會在 5 樓至 8 樓期間舉行。

二、場地佈置與動線安排

品質觀摩會除了柱牆鋼筋綁紮的完整呈現外，舉辦單位必須製作建築安全履歷範本，將柱牆梁版鋼筋之履歷紀錄，以海報方式張貼在牆面，提供與會的嘉賓及媒體了解並學習。觀摩會現場由建築安全履歷協會演講及 Q&A，使參與者及媒體深切感受建築安全履歷的重要。可在一樓或標準層做為演講場地及現況執行履歷範本的說明場地，而從工地大門到演講現場及觀摩現場的進行動線須特別加強工地安全防護的工作。

三、品質觀摩會當天

因為整個觀摩會代表建案公司推動建築安全履歷的決心，公司的動員是必要的。參與的同仁應穿著制服，以利與會者可明確詢問，並安排實際工地的執行主任與工程師，

在觀摩層及示範層進行講解，故講解人員必須事先演練準備，以能在現場做最完善的解說。整個工地品質觀摩會時間有限而內容眾多，簡短時間很難讓與會者及媒體詳細明白，建案可準備說明資料及參考的新聞稿提供觀摩者參考，使大家充分了解舉辦工地品質觀摩會的用意。

▌現場由「建築安全履歷協會」講解建築安全履歷與「Alfa Safe 耐震系統工法」。

延伸閱讀：
建築安全履歷授證
－中麗建設心閱三品。

延伸閱讀：
「建築安全履歷協會」施工品質
觀摩會全紀錄。

█ 鋼筋技術士證照及鋼筋加工廠品質認證範例展示。

█「建築安全履歷協會」於工地現場詳細解說施工要點。

▌「建築安全履歷協會」戴雲發理事長與鄭文燦市長及來賓在觀摩會現場合影。

小故事
天人交戰的勇氣

　　有一次在品質觀摩會的現場，一位建設公司老闆突然問說：「戴技師，工地的鋼筋施工品質非常好，我也想要這樣做，但公司下個建案若執行整個建築安全履歷，需多花 1000 萬的成本，我內心處在天人交戰中，如果你是我的話，你會做嗎？」我跟他說個經驗：「在一次的鋼筋工教育訓練簡報中，我反問鋼筋工，鋼筋品質做得這麼好，假設建設公司每戶增加 20 萬成本，但建設公司考量管銷費用，每戶多賣 25 萬，這樣你們會買嗎？鋼筋工回答說，當然買啊，買 100 萬的新車，一年折舊就超過 25 萬，買一棟品質好的安全房子，家人住一輩子，當然花得起。」把房子蓋好，將品質呈現給購屋者看，讓購屋者有感，房屋售價合理提升，購屋者會認同的，所以，用心於品質，成本雖然會提高，但回饋是心安理得的，突破這一層心理關卡，天人交戰的過程自然煙消雲散。

住戶「建築安全履歷」書冊呈現

Alfa Safe 建案之建築安全履歷，是依各樓層結構重點標記在平面圖位置，將執行過程之鋼筋施工綁紮完成之相片一一貼上，每層每戶之柱牆梁版鋼筋及混凝土施工紀錄彙整成冊，落實當層每戶將建築安全履歷做最完善的品質紀錄呈現給社會大眾及購屋者，達成施工品質透明化「看得見、最安心」的目標。

一、完整呈現之「建築安全履歷」平面圖規劃

為使拿到「建築安全履歷」的購屋者，亦能清楚房屋結構各部位的內部鋼筋構造及其重要性，特別將柱牆梁版結構安全重點示意圖，併入為建築安全履歷之內容，此圖說清楚易懂，有助於建設業者向購屋者說明結構安全鋼筋工程施工品質之重要，讓購屋者認同執行建築安全履歷的房子，已經把安全品質做到最高標準了，更是真正的安全安心好宅。

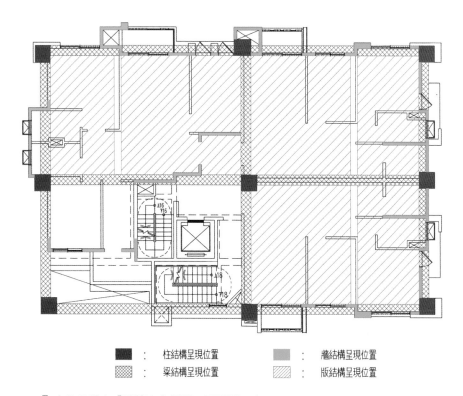

■ 完整呈現之「建築安全履歷」平面圖示意。

二、柱牆呈現規劃

　　針對已經規劃完成之柱牆系統工法施工圖，檢討每面柱牆之結構重點，施工查核完成時，應從哪個角度拍照記錄，可真實的呈現給購屋者當下的鋼筋工程施工品質。依「建築安全履歷協會」之規定：柱屬主體結構，於地震來襲時扮演最重要穩固角色，其結構安全重點必須完全揭露，故柱的呈現紀錄為百分百呈現，即每根柱都須拍照記錄；牆屬次結構，其重點在於轉角應力集中處及牆開口之防裂與防漏，以確保百年建築之結構耐久性，但依個案的內外牆變化而有所不同，每戶之各類轉角與補強至少取一處須規劃，以確認各類綁紮之施工品質。柱的呈現重點：整體柱綁紮完成紀錄、柱上部梁柱接頭箍筋的預留與上部柱圍束區之箍筋間距、柱中間之系統工法之柱一體箍定位綁紮及保護層墊塊的施作、柱下部的下圍束區箍筋間距定位綁紮及柱主筋續接位置等。牆呈現重點：牆系統工法之聯合組成、L 型牆轉角、T 型牆轉角、牆端補強、牆開口端部之圍束及開口 90 度轉角應力集中位置之斜筋補強等。

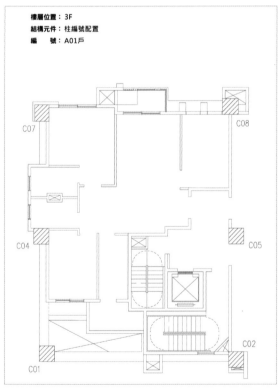

■ 柱－「建築安全履歷」呈現配置圖。

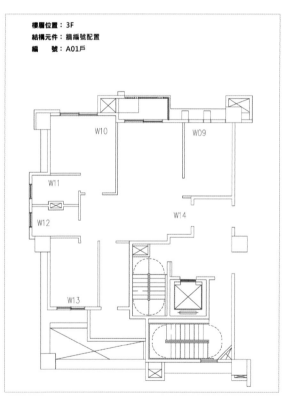

■ 牆－「建築安全履歷」呈現配置圖。

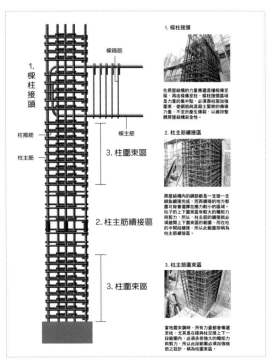

■ 柱鋼筋結構安全重點。

■ 柱鋼筋品質呈現。

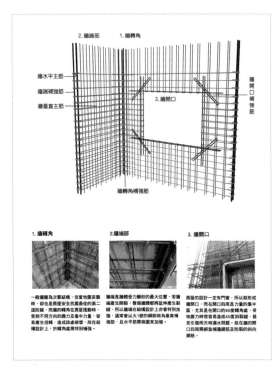

■ 牆鋼筋結構安全重點。

■ 牆鋼筋品質呈現。

三、梁版呈現規劃

　　依照結構平面圖及檢討鋼筋施工性及梁版結構安全重點，於施工中及查核完成時，應從哪個角度拍照記錄，可將梁模內之梁主筋及箍筋等實際的綁紮狀況，真實呈現給購屋者閱讀當下的鋼筋工程施工品質。依「建築安全履歷協會」之規定：大梁屬主體結構，其結構安全重點必須百分百揭露，故每台梁都須拍照記錄；版屬次結構，其重點在於版筋間距與保護層墊塊施作之定位，以確保結構防裂防漏之耐久性，每戶至少須取一處呈現規劃，以確認綁紮重點之施工品質。梁的呈現重點：已綁紮完成之梁柱接頭箍筋數是否足夠且均佈、梁 端圍束區之箍筋及下箍的定位綁紮、梁入柱之錨定長度、梁梁正交之增設箍筋補強、小梁入大梁的 90 度彎鉤錨定綁紮方式等等。版呈現重點：下層版筋保護層墊塊之定位及間距、上下層版筋間隔工作筋或墊塊之定位及間距、版角隅補強 …… 等等。

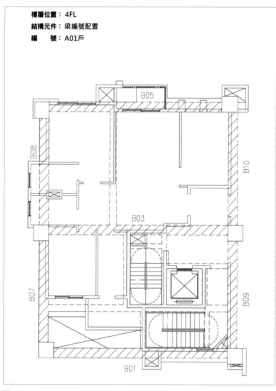

■ 梁 -「建築安全履歷」呈現配置圖。

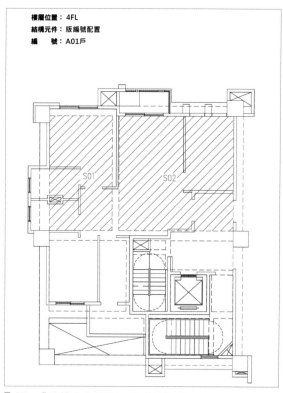

■ 版 -「建築安全履歷」呈現配置圖。

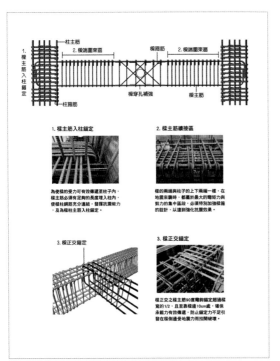

■ 梁鋼筋結構安全重點。

梁鋼筋品質呈現。

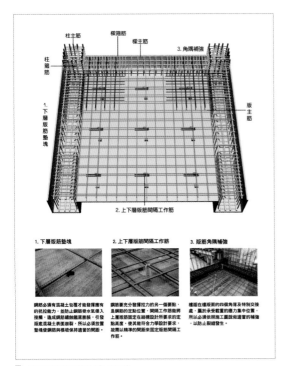

■ 版鋼筋結構安全重點。

版鋼筋品質呈現。

▌品質觀摩會頒發感謝狀給鋼筋廠商。

小故事
工藝品質呈現　是職人的成就

　　執行建築安全履歷呈現必須拍很多現場施工品質的相片，對執行者而言是很艱鉅的一項任務，畢竟鋼筋工都很討厭有人在旁拍照，傳統慣例拍照就是在找麻煩，等著被通知拆除修正重做。查驗的工程師小曾分享說：一開始執行往往與鋼筋工還很陌生，有的鋼筋工還會罵難聽的話，告誡不可亂拍，所以都必須客客氣氣溝通。我們拍照的用意，是為呈現給購屋者看，不是為找碴用；完成的履歷呈現影片我們也會分享給鋼筋工看，告訴他們因為有好工法，施工品質特別好，鋼筋工也從現場品質及影片中感到成就感，他們才發現竟然每天有那麼多人在觀看我綁的鋼筋影片。有一天，有一位鋼筋工突然跑來和我們查驗工程師說：「小曾，快快把我剛剛綁好的這裡拍起來，這個綁得非常好、非常漂亮，一定要來個特寫做紀念。」在大熱天的辛苦工作中，連鋼筋工也耳濡目染下瞭解鋼筋工藝的美，是一種職人的成就，這是長期堅持品質薰陶出來的成果。

youtube 網路影音品質呈現

　　國內資策會針對國人使用數位裝置的調查指出，台灣超過 9 成的民眾擁有智慧型手機，平均每人有 3.6 台各類電腦、電視及手機等數位裝置。將近 75% 的民眾更是時而抬頭看電視，時而低頭滑手機，多螢幕的影音生活已經是人們的生活習慣。網路是多螢幕生活的傳遞關鍵，而 youtube 是世界各國共用使用率最高的影音系統，將「建築安全履歷」建案的品質以影音的方式在 youtube 呈現，能讓購屋者隨時隨地了解工地進度與施工品質，且消費大眾亦可隨時隨地了解建案的品質及用心，對 Alfa Safe 建案公司的品牌建立是無庸置疑的。

一、建築安全履歷網路平台

1. 品牌建立之超額服務：

　　有別於耐震相關標章的文書報告存檔及坊間的單一的建築生產履歷書冊，建築安全履歷建案特別再將執行過程製作成各類品質透明化影片，以高規格的施工品質及豐富、多樣的影音真實記錄，為建案業主進行超額的品牌建立之服務。

2. 品質即時透明化掌控：

　　建案業主可隨時隨地由 youtube 網路平台觀看各階段認證工作之流程、品質細節、施工品質之控管，可符合建案業主掌握建築安全履歷執行進度之資訊。其內容包括「Alfa Safe 耐震系統工法」及履歷之教育訓練服務、鋼筋混凝土施工品質查驗、協會輔導與察證等等，皆製做成影片上傳至 youtube，使整體「建築安全履歷」之執行工作流程完全對外透明化。

■「建築安全履歷」專屬影音網頁。

延伸閱讀：
「建築安全履歷」網路平台眼見為憑，
施工過程全紀錄上網通通看得到。

二、建築安全履歷資料庫分享

1.「Alfa Safe 耐震系統工法」技術的分享：

　　有好的鋼筋工法可有效帶動鋼筋施工品質提升，並可以更容易達到建造更耐震安全的建築，這是所有從事營建業的人所樂見的；我們除了將各建案執行履歷認證的工作製成影音呈現外，亦將各建案執行「Alfa Safe 耐震系統工法」的細節與流程，製作成影片在 youtube 分享，發現點閱耐震系統工法流程與技術的影片超出一般履歷建案的查驗執行影片，代表營建業界的朋友都有在關心「Alfa Safe 耐震系統工法」的推動與發展，做對的事，終究會吸引人群靠過來，讓我們感到無比的欣慰。

2. 結構安全施工品質透明化的分享：

　　過去建築業者較不注重結構安全施工品質對外透明化呈現，因為要注意的細節實在太多，況且費那麼多的心力及品質提升所需的成本，擔心並無法得到購屋者的重視；然而經由建築安全履歷建案於觀摩會中各大媒體的報導，及戴雲發理事長在各公共場合不斷的演講與呼籲，及經過台南 206 地震中維冠大樓倒塌百餘人傷亡及花蓮 206 地震的慘痛經歷，許多建築業者已開始執行相似的建築生產履歷，並學習履歷認證的透明化方式，在網頁上勇敢地呈現給消費大眾了解，結構安全的重要性。結構安全施工品質透明化對建築業者而言是一種壓力，但也由於這壓力帶動品質提升的決心與動力，相信消費大眾終將看重，創造建築業者、施工廠商及購屋者等多贏的營建生態。

■ 現場施工過程透明化縮時攝影影音呈現。

延伸閱讀：
施工品質全紀錄「建築安全履歷」安全品質完全透明化。

延伸閱讀：
施工過程全紀錄，「Alfa Safe
耐震系統工法」施工效率品質
看得見。

▌現場施工品質查驗透明化影音呈現。

小故事
品質用心　被看見

　　建築安全履歷建案的銷售小姐曾分享以下的經驗：有一次一對年輕夫婦到銷
售中心來，銷售小姐就馬上主動開始介紹「Alfa Safe 耐震系統工法」的鋼筋實體
模型，傳達建案在結構安全優於其他銷售案之處，才剛開口，這對年輕夫婦就告
知說，我們在網路已經非常了解這個建案執行「建築安全履歷」及「Alfa Safe 耐
震系統工法」的各種細節，也因為深入了解而感受到建設公司對品質的堅持，也
相對認為在裝修施工也一定會比照結構施工的品質做得很好，今天是特別撥空來
實際確認建材的等級，還有室內建築空間規劃的使用性，是否符合自己的居住需
求。請帶我們直接參觀樣品屋、說明室內坪數規劃及售價就可以了，因為你們在
網路的品質呈現，吸引我們前來了解建案。所以品質用心，是可以被看到的。

第 5 章

「Alfa Safe 耐震系統工法」
施工品質呈現～
「中麗建設 - 心閱三品」

本章重點摘要

■ Alfa Safe 耐震系統工法 -「Alfa Safe 柱中柱」。

■ Alfa Safe 耐震系統工法 -「Alfa Safe 系統柱」。

■ Alfa Safe 耐震系統工法 -「Alfa Safe 系統牆」。

■ Alfa Safe 耐震系統工法 - 牆開口補強。

■ Alfa Safe 耐震系統工法 - 梁穿孔補強。

■混凝土施工性及 PP 版覆蓋與養護。

■屋頂層結構混凝土工程防裂防漏。

延伸閱讀：
「中麗建設 - 心閱三品」
建築結構安全之施工細節過程透明化呈
現 ......more。

Alfa Safe 耐震系統工法 -「Alfa Safe 柱中柱」

　　在 921 地震的倒塌建築大樓中,許多都是因為一樓柱破壞所造成,讓大家深切體會到一樓柱結構對大樓結構安全性的重要。本案特別採用「柱核心耐震結構－Alfa Safe 柱中柱」之鋼筋專利工法施工,在柱內再增設柱鋼筋及圓形箍筋,得以增強垂直的承載能力並強化柱核心的圍束,使大樓抗震能力更強、結構更穩固、更安全。

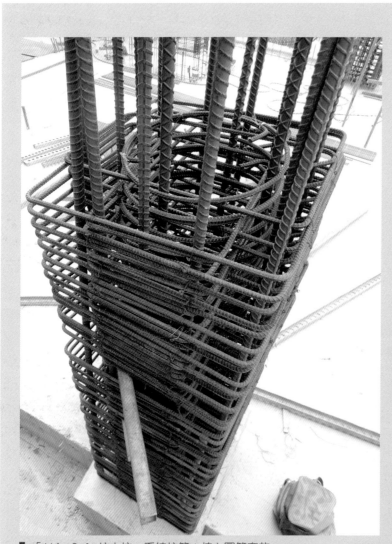

延伸閱讀:
「柱中柱」-
「最安心的柱 - 住得最安心」
- 中麗建設心閱三品。

■ 「Alfa Safe 柱中柱」系統柱箍 + 核心圓箍套放。

▋「Alfa Safe 柱中柱」頂部定位。

▋「Alfa Safe 柱中柱」- 正視。

▋「Alfa Safe 柱中柱」綁紮。

▎「Alfa Safe 柱中柱」-內部上視。

▎「Alfa Safe 柱中柱」綁紮完成。

▎「Alfa Safe 柱中柱」-內部下視。

Alfa Safe 耐震系統工法 -「Alfa Safe 系統柱」

　　柱屬建築的主要結構，在結構韌性設計中，柱與梁之接頭及上下端部之圍束區非常重要。本案特別以箍筋連續不斷點之系統柱箍，代替傳統之柱箍與繫筋之交錯複雜綁紮方式，以系統化、標準化的方式確實施工，可大幅提升施工品質水準，使房屋結構更加安全穩固。

■「Alfa Safe 系統柱」。

延伸閱讀：
「Alfa Safe 系統柱」
- 中麗建設心閱三品。

■「Alfa Safe 系統柱」- 正視。

■「Alfa Safe 系統柱」+「Alfa Safe 系統牆」- 俯視。

■「Alfa Safe 系統柱」-內部上視。

■「Alfa Safe 系統柱」-內部下視。

■「Alfa Safe 系統柱」+「Alfa Safe 系統牆」。

■「Alfa Safe 系統柱」+「Alfa Safe 系統牆」綁紮
完成。

Alfa Safe 耐震系統工法 -「Alfa Safe 系統牆」

　　牆雖屬次結構,但也是建築抗震之第二道重要防線。牆體鋼筋間距、厚度需定位綁紮,才能發揮牆體的抗剪力效果。本案以系統牆鋼筋的規劃設計與施工,於牆體端部與轉角處,皆採用系統牆專利工法,使牆筋綁紮更加堅固、鋼筋間距整齊一致、保護層厚度足夠,確保牆體達到防裂、防漏水且抗剪力更佳,總體提升房屋的結構安全、抗震力與耐久性。

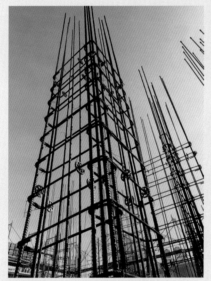

■「Alfa Safe L 型系統牆」。

■「Alfa Safe T 型系統牆」。

■「Alfa Safe L 型系統牆」綁紮完成。

■「Alfa Safe T 型系統牆」綁紮完成。

延伸閱讀:
Alfa Safe 系統牆施工品質呈現
– 中麗建設心閱三品。

■ 「Alfa Safe 一型系統牆」。

■ 「Alfa Safe 一型系統牆」綁紮完成。

■ 「Alfa Safe 系統牆」綁紮完成。

▌「Alfa Safe 系統牆」- 俯視。

▌「Alfa Safe 系統牆」- 內部上視。

▌「Alfa Safe 系統牆」牆端 - 內部上視。

Alfa Safe 耐震系統工法 - 牆開口補強

　　本案對於門窗所形成牆開口，依圖說於開口端以 #5 鋼筋做垂直及水平補強、開口 90 度轉角之應力集中處，以 #4 鋼筋做斜向補強，並嚴格要求各補強筋距窗框邊 3cm~5cm 之定位綁紮、端部圍束鋼筋綁紮，使補強鋼筋能充分發揮牆體端部的補強圍束效果，最後再於室內側施作防裂鋼網補強，整體之窗角補強嚴謹確實，目標要達到牆開口處之儘可能不裂不漏，使房屋結構的抗震力更穩固、房屋的使用耐久性更有保障。

■ 牆開口補強 - 門。

延伸閱讀：
「Alfa Safe 耐震系統工法」柱牆鋼筋綁紮查驗 - 中麗建設心閱三品。

■ 牆開口補強 - 門上方。

延伸閱讀：
「Alfa Safe 系統牆」開口補強品質呈現 - 中麗建設心閱三品。

█ 牆開口補強－門上方預綁。

█ 牆開口補強－門上方。

█ 牆開口補強－窗台度。

▌ 牆開口補強 - 窗側邊。

▌ 牆開口補強。

▌ 牆開口補強 - 電梯盒。

Alfa Safe 耐震系統工法 - 梁穿孔補強

　　傳統的梁穿孔補強是以單一的補強筋依圖面位置，一支一支交錯穿越綁紮，相當繁瑣複雜，且鋼筋工習慣於梁筋綁紮完成時，才將斜向補強筋以「差不多」的距離插入梁筋內，無法定位綁紮，補強效果堪慮。「Alfa Safe 梁穿孔補強工法」是將補強鋼筋彎折成一體配件型式，可以很容易的將梁穿孔補強配件在梁內定位綁紮，並順利安裝水電套管，使結構梁穿孔補強之結構安全品質有保障。

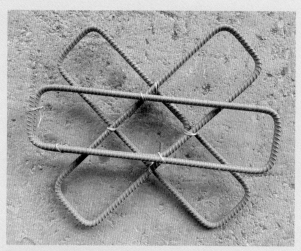

■ 梁穿孔補強配件加工完成。

延伸閱讀：
「Alfa Safe耐震系統工法」
- 梁穿孔補強配件。

■ 梁穿孔補強配件施作完成。

延伸閱讀：
梁版鋼筋綁紮
- 中麗建設心閱三品。

混凝土施工性及 PP 版覆蓋與養護

　　混凝土澆置完成後其內部水分，受太陽日照的蒸發及混凝土面部受風吹襲而逐漸流失，將引發混凝土乾縮裂縫的產生，嚴重者整個版面裂透至底，造成後續房屋樓版漏水。為避免上述混凝土澆置後品質不良的問題產生，本案於混凝土澆置整平後，立即全面覆蓋 PP 版，使其與混凝土面稍稍相互黏結，可有效的使混凝土水分束制於內部與水泥充分進行水化作用，轉化形成混凝土應有的強度，亦經由 PP 版全面覆蓋防護，混凝土面不受風吹襲而產生乾縮裂縫，使整體樓版防裂防漏，施工品質成效極佳。

延伸閱讀：
混凝土施工品質查驗
- 中麗建設心閱三品。

■ 施工現場預拌混凝土車隨機取樣。

延伸閱讀：
亞東預拌混凝土砂石爐碴快
篩檢測法（AMS）。

■ 施工現場混凝土坍度管控。

▍ 澆置前版面模板濕潤。

▍ 第三方查驗－混凝土坍度。

▍ 第三方查驗－混凝土澆置現場。

■ 混凝土配比比對。

■ 柱牆澆置時輔助外模震動。

■ 澆置搗實人力充足。

■ 混凝土面整平後覆蓋 PP 版養護。

■ 隔天 PP 版拆除後灑水養護。

■ 柱筋沾黏混凝土清洗。

屋頂層結構混凝土工程防裂防漏

屋頂版與外部直接接觸，有別於其他各樓層之樓版，除必須施作樓版面部的防水工程外，其樓版結構設計及施工品質更需特別注意，才能達到百年建築的目標，畢竟任何的防水化學材料，經過三、四十年後終會破壞。本案針對屋頂樓版結構設計加強鋼筋強度及樓版厚度之規劃設計及結構施工，特別要求面部排水方向之洩水斜率 1/100，並先行規劃混凝土完成面之高程，依規劃圖以標高器定位標記，以能控制樓版面洩水方向與斜率，使屋頂版排水流暢不積水，再搭配混凝土澆置時的充分搗實與 PP 版全面覆蓋防護，目標希望均能達到屋頂樓版結構在未施作防水工程之前的情況下，就能防裂防漏，之後的防水施工部份，只當作額外防水品質加強之考量。

▌屋頂版面鋼筋以 #4 鋼筋加強加密設計綁紮。

113

█ 標高器頂部高程放樣。

█ 標高器依洩水高程施作。

█ 混凝土澆置抹平洩水方向告知。

█ PP 版覆蓋防護。

█ 完成面洩水方向目視比對。

█ 灑水養護。

▌ 放樣後持續養護。

▌ 排水檢測與規劃相符。

▌ 屋頂版在防水施工前先做結構體之試水檢測。鋼筋混凝土結構體本身可做到有效防水，才是防水施工的最高境界，之後的防水施工部分只當作是額外防水品質加強之考量。

▌ 屋頂版結構體試水檢測梁版底部無漏水。

延伸閱讀：
混凝土澆置養護影片介紹。

延伸閱讀：
屋頂混凝土防裂防漏工程影片介紹。

中力
建築系

第 **6** 章
做　讓理念得以實現

本章重點摘要

■ 921大地震的教訓及建築安全履歷的推廣與宣傳。

■「Alfa Safe 耐震系統工法」的執行與發展。

■ 來自國際間及國內政府單位的肯定與榮耀。

■ 結合創新實務與學術研究發展，提升產業競爭力。

延伸閱讀：
「建築安全履歷」顛覆傳統監造，
綁鐵仔變職人　為建案加分。

起源

開始　農家小孩與建築之緣

　　我出生於中壢的務農世家，從小就和父母在田間一起努力工作討生活，以賺取學費、生活費。日復一日的晨曦而起，每天約莫清晨五點天光微亮，就得下田工作到近七點，再趕著到學校上第一堂課，下午放學後又立刻到田裡務農直到太陽下山，才返家吃飯，天天如此。

　　在我高一時我和哥哥們用一年多的時間，合力完成鄉下農舍自宅自建，我們的基地就位在自家田地的中央，當時我們想要蓋出一棟可以讓家人住得舒服又安全的兩層樓「農舍」，於是我們開始蒐集資料，哥哥也常常騎著機車到處參觀別人蓋的房子，同時參考國外建築的資料，我和哥哥幾個建築的門外漢，懷著夢想一步步的自己畫設計圖，蓋自己心目中理想的家。由於當時經費有限，所以蓋房子樣樣都得自己來，除了綁鋼筋、預拌混凝土和水電工程……等等這種特殊專業之外，其他各個施工工種我們幾乎無役不與。

　　這樣的設計在三十多年前，當時鄉下的一片稻田中間，可說是極為獨特創新，完成時還被街坊鄰居稱為「豪華大別墅」，也造成地方上不少人會來我們家參觀，甚至也意外吸引油漆廠商，借用我家來拍攝電視 CF 廣告，條件則是免費幫我們家的房子內內外外粉刷一次他們的油漆，我們三十多年前蓋的第一棟房子，曾經當過代言哦！這是很有趣的一件事吧！

　　花了我們一年多才建造完成的自宅，到現在三十幾年過去了，我的雙親至今仍住在這棟房子裡，房子的堅固耐用不言可喻，這個努力去實現一個夢想的寶貴經驗，不僅讓我們自己覺得很感動，更體認到只要多觀察、用心做，門外漢一樣可以蓋出一棟真正的好宅！且這些特殊的經歷，除了累積我很多的工地實戰經驗外，也奠定了日後從事建築行業的基礎。

延伸閱讀：
蓋安心好宅守護家人
－結構安全傳教士的故事。

延伸閱讀：
高一時和三位兄長在自家田地中自力造屋的經驗，成就了日後從事建築行業創新研發的基礎。

▌我高一時和我三個哥哥在自家田地中央自己建造的自家老宅。

▌中壢鄉下老家一隅。

▌二樓陽台欄杆簡潔有力，不同於傳統酒瓶欄杆。

實戰　愛跑工地的結構技師

　　我的職業是結構技師，工作內容主要是確保建築的品質與安全，在台灣建築業目前的運作現況下，通常只能透過勤跑工地，確認每一件經手案件的建材及結構，都符合原先設計的標準。因從小到大的經驗，讓我相當適應跑工地、看現場與師傅溝通，同時蒐集建築安全有關的實際案例研究，希望自己的結構設計專業能更趨於合理、務實、專業。

　　目前在工地現場實作的師傅，雖然很多是經驗老道，但相對在施工上的做法，有時也會較不願意學習及改變，對於結構技師設計的圖面及施工工法，可能因為與過去施工習慣不同，或是執行上較有難度而常常會有所抗拒。

　　不過，這樣的溝通不能只是單向，我也經常從現場工作人員的意見中，得到反思、檢討的回饋，為了解決工地實務的問題，我對結構安全的鑽研越來越深，甚至開始往上，向源頭追蹤，研究檢討更佳設計的觀念及新材料、新工法的使用，讓每棟房子不單單設計的好，施工品質也能容易的做好。

▋ 現場溝通施工技巧。

警訊　921 大地震歷史的教訓

921 地震造成多棟建築倒塌，讓我思考一個問題，這些倒塌建築物的設計及施工是否有任何可改進之處？為了更精準地研究建築結構，我和我們團隊花了很多的時間，將每棟 921 倒塌及築巢專案受損的案件，均予以研究探討，並依據這些資料製作了許多模型，進而檢討災區建築結構上的利弊得失及改善方案，也彙整出了我們覺得台灣的建築安全品質應該要特別重視的一些重點。

當時的我深切地感受到，工地現場施工人員的觀念有太多需要修正或調整的空間，這些人不曉得以「以前就這樣做也沒事」的作法，會讓結構變得脆弱，使得房子根本承受不起大地震的來襲。因為大地震 30-50 年才會發生一次，所以他所蓋的房子現在沒倒，不代表下次大地震侵襲時它就不會倒，921 大地震時，災區一些設計施工不良的大樓，不就是血淋淋的案例？因此更體認到，唯有努力讓參與建案的規劃設計到工地施工的每個人員都有正確的建築結構安全觀念，才能蓋出安全耐震的好房子！

▌勤跑工地，勘驗現場施工狀況。

▌台北市立美術館專題演講。

▌受邀於行政院公共工程委員會演講「永續公共工程之節能減碳－建築工程之結構系統與施工工法之價值工
　程分析探討」時，也將館內相關之結構安全模型擺放於授課地點，提供給委員會參觀與研討。

▌「中華民國建築師公會全國聯合會」主辦的「第六屆台灣建築論壇」，邀請「戴雲發結
　構安全館」協辦，主題為「921 震災 10 週年回顧與展望」，是以結構安全為主要訴求。

▌「921 震災 10 週年回顧與展望」世貿中心展示一隅。

歷程

初步　戴雲發結構安全館的設立

　　為了讓想蓋好房的營建團隊及想要買好房的民眾,有一個專業的平台了解如何用專業的方法來建造及選購安全好宅,也藉此宣導建築安全品質透明化、結構安全品質的重要性,所以我便在與辦公室同一棟大樓裡多租一層樓的空間,努力了七年,終於成立了「戴雲發結構安全館」。

　　在「戴雲發結構安全館」中,我將多年來針對建築安全品質相關的研究成果,及製作過的所有結構安全模型、施工工法技術模型、921大地震研究案例模型⋯⋯等集結,也將建設公司、建築師、營造廠、代銷公司及購屋者,所切身需求的結構最佳化設計、價值工程分析及施工品質透明化⋯⋯等等,在建築結構設計施工之相關問題,歸類分成各項議題,一一分析研究彙整呈現,來推動正確專業的結構安全觀念,以專業的方式促使讓營建團隊可建造更多安全、經濟及口碑佳的建案;也讓購屋者可以買到安全、舒適及品質高的優質住宅,來達到營建隊與購屋者雙贏的最終目標。

▌「戴雲發結構安全館」—讓想蓋好房的營建團隊及想要買好房的民眾,有一個專業的平台了解如何用專業的方法來建造及選購安全好宅。

■「戴雲發結構安全館」─建物結構體模型。

■ 土壤液化之動態模型試驗。

信念　「建築安全履歷」的推廣與宣傳

　　十多年前，我就開始在台灣四處奔波演講及宣導「建築安全品質」的重要，也常常受邀在許多媒體雜誌上撰寫評論與專欄，希望將正確的結構安全觀念宣導上至每個建築規劃設計工程師及下至現場施工人員，並將「一次就做對的概念」置入建築行業中。就這樣醞釀十餘年，在 2014 年我結合建築領域相關的學者專家與社會賢達人士等成立「建築安全履歷協會」，並擔任一、二屆理事長。由於目前台灣建設、營造公司的施工品質，往往只依圖大致施作，卻常未做到設計之真正重點，一棟安全耐震的建築物應該同時具備優良的結構規劃設計和精準確實的施工品質才能安全又耐震。協會本著在建築營造相關產業工作的責任與使命感，努力讓建造過程透明化，全面來提昇建築物的安全品質。

　　「看不見的地方才更重要！」唯有一個能完整整合結構規劃設計與施工品質技術的團隊，並且有建築安全履歷可把關材料、施工、驗收每個工程環節，才能讓建築安全更加有保障。期待未來將可創造建築團隊與購屋者的雙贏局面，帶給民眾更安全、更有保障的好宅。

延伸閱讀：
打造安全住家 民間單位推安全履歷（民視新聞）。

延伸閱讀：
看不見得地方才更重要 -「建築安全履歷協會」正式成立 ......more。

▌「建築安全履歷協會」成立當天，前營建署署長黃南淵到場致詞。

▌眾多媒體關心協會未來發展與目標前來採訪。

契機　志同道合的夥伴

　　我們研發「戴雲發 Alfa Safe 耐震系統工法」已十多年，初期因苦無實際執行案例，營建業認為要整合的技術問題過高，故無法推動。但因緣際會下，在桃園大溪埔頂有一位地主與中麗建設要進行透天合建案，雙方非常認同我們的「Alfa Safe 耐震系統工法」可以提升施工品質及建築安全履歷安全品質透明化觀念的重要。但這是台灣第一個執行系統化工法的案例，而當時的台灣鋼筋工班沒人做過，無人有承攬意願，最後我們以施作成本最高的「點工」方式執行並順利完工。

延伸閱讀：
首棟「Alfa Safe 耐震系統工法」
系統牆施工－中麗磐蒔苑。

■ 中麗磐蒔苑。

延伸閱讀：
首棟「Alfa Safe 耐震系統工法」
系統柱施工－中麗磐蒔苑。

挫折　再接再勵的修正

　　第一個建案的完成，我很高興的跟營建業朋友分享過程與結果，但大部分的反應是「戴理事長，我們都是蓋大樓的，你這是透天案的案例，大樓應無法執行，所以無法採用。」因此我們必須重新再找大樓案進行施作，才能增加說服力。

　　中麗建設在確認鋼筋系統工法是可執行採用的工法後，同意下一個建案：地上十二層的大樓案，繼續採用「戴雲發 Alfa Safe 耐震系統工法」、「Alfa Safe 系統工法 – 柱中柱」及「建築安全履歷」。此外，這一次就有鋼筋廠商願意直接承攬，並在 8F 舉辦品質觀摩會分享經驗與成果，讓營建業的朋友都來了解，鋼筋綁紮以系統化規劃加工及施工執行其品質之精準，而這一次確實讓很多來觀摩的建設公司折服，但也有其它的聲音「戴理事長，鋼筋系統工法很好，但執行成本過高，灌在混凝土裡面，購屋大眾也看不到，現在房子不好賣，還是不敢使用。」原來現實成本考量是重點，建築結構安全的施工品質提升好像是其次。

▊「Alfa Safe 耐震系統工法」大樓案的開始 – 中麗璞遇。

■「Alfa Safe 耐震系統工法」大樓案的開始－
　中麗璞遇外觀。

■ 第一個「Alfa Safe 耐震系統工法」大樓案－
　中麗璞遇一樓柱中柱。

延伸閱讀：
「Alfa Safe 耐震系統工法」示
範宅－結構安全對策－柱中柱。

延伸閱讀：
「Alfa Safe 耐震系統工法」示
範宅，安全品質透明化呈現。

肯定　建築安全履歷與系統工法的榮耀與認同

　　皇天不負苦心人，在經歷十年的推廣與努力，「中華民國工商建設研究會」舉辦第一屆「國家金璽獎」，當時評審團一致認同「戴雲發 Alfa Safe 耐震系統工法」為建築安全品質劃時代的最大創新與改革，也看見我長期推動建築安全履歷的努力與用心，讓建築安全品質透明化議題日益被大眾重視及認同，因此將「工商研究類獎項」頒發給我，也是這次得獎者中唯一一位研究類得獎者，這也給予我極大的肯定與鼓勵。

National Golden Seal Awards
Since 2015

國家工商典範 · 金璽傳承久遠

第 一 屆

國 家 金 璽 獎

▌國家金璽獎由吳敦義前副總統親自頒獎。

延伸閱讀：
結構安全系統工法　獲金璽獎
（中時電子報）。

延伸閱讀：
榮耀與肯定 - 首座「國家金璽
獎」，唯一工商研究類獎項得
獎者......more。

　　在「國家金璽獎」頒獎後不到一個月，亦受到建築界另一大獎「國家建築金獎」肯定頒發「大會特別獎 - 施工技術獎項」。「國家建築金獎」以提升國人居住環境品質及預防購屋交易糾紛之目的而設立，認同我多年來提倡建築結構安全品質的重要性，運用「Alfa Safe 耐震系統工法」的研究創新達成最佳施工品質，提供消費者完整「建築安全履歷」，滿足消費者對居住安全的需求。能同時獲得「國家金璽獎」與「國家建築金獎」的榮耀與肯定，也勉勵了我應該更積極努力堅持自己的理想。

■「國家建築金獎—大會特別獎 – 施工技術獎項」的榮耀都要歸功在背後支持我完成理想的各位夥伴，
以及中麗建設團隊的大力支持。

延伸閱讀：
社團法人建築安全履歷協會理
事長戴雲發　國家建築金獎肯定
（中時電子報）。

延伸閱讀：
榮耀與肯定 – 國家建築金獎大會
特別施工技術獎 ......more。

宣示　建築安全品質宣示大會

　　台灣位於環太平洋地震帶上，大小地震不斷，在 2016 年年初發生了一次傷亡慘重的
206 台南大地震。為了讓社會大眾對我們台灣建築界重拾信心，並加緊推動建築安全履歷及
施工品質透明化的腳步，我邀集過去幾年和我理念相近的建築同業一起舉行「建築安全品質
宣示大會」，希望能將建築安全履歷的理念與一同把建築品質做好的決心，向社會大眾與其
他同業傳達。

　　宣示典禮當天出席支持的公司團體包括台塑集團、三井工程、中麗建設、互助營造、太子建設、建國工程、春福建設、將捷建設、富立建設、璞園建設、龍寶建設…等優質建設營造團隊，及東和鋼鐵、嘉山鋼鐵…等建築材料業者，和建築師公會全國聯合會、結構技師公會全國聯合會、室內裝修公會全國聯合會、台北市不動產商業同業公會、新北市不動產商業同業公會、台南市不動產商業同業公會等各大公會團體，共同站出來，誓言一同提升國內建築施工品質，也希望越來越多的建築人加入我們的行列，一起守護國人居住安全。當天近 20 個台灣建築團隊一同上台宣示，還有許多建築界的好友與貴賓在台下見證參與這歷史性的一刻，我們期許從自身做起提供民眾安全透明的建築選擇，「絕對不能再有維冠這種大樓，出現在市場上面！」

■ 與會的貴賓共同宣示宣言「建築履歷，透明安全，買的安心，住的放心」，期許建築業界共同發揮建築專業，守護台灣人民的居住安全。

延伸閱讀：
建築安全新工法　推動透明化安全履歷（蘋果地產）。

延伸閱讀：
建築安全履歷宣示大會，藉由「建築安全履歷協會」，我們號召全台優質建商，共同宣示守護台灣人的居住安全 ......more。

整合　一條龍的技術服務

　　中麗建設的大樓建案完成後，發現執行「戴雲發 Alfa Safe 耐震系統工法」及「建築安全履歷」，雖然成本提高不少，但也建立起公司的品牌及消費者對中麗建設的信任，更堅信下個大樓案必須繼續沿用。105 年 2 月 6 日台南 206 地震，維冠大樓倒塌造成百餘人嚴重傷亡；期間媒體開始報導一樓鋼筋施工品質不良的問題，消費者開始被教育買房必須注意鋼筋施工品質。此時建設公司也開始重視並邀請我就「Alfa Safe 耐震系統工法」提出相關的簡報與執行方式說明等。有上市公司提出「戴理事長，Alfa Safe 工法很好，但可執行的鋼筋加工廠在哪裡？還有工法沒有試驗證明的數據，如何讓購屋者相信？沒有試驗證明，房子不好賣。」為此，我們團隊花了一兩年的時間，主動義務進行全臺鋼筋加工廠品質輔導與認證，首先制訂加工品質認證的標準，再逐家聯絡說明，是否願意讓我們進行品質輔導與認證的工作？全臺二十幾家的鋼筋加工廠品質輔導與認證得以完成，這是當初沒想到的，研發工法最後連鋼筋加工廠也必須了解整合及主動義務做輔導認證。

■ 「Alfa Safe 耐震系統工法」之鋼筋一條龍技術整合。

延伸閱讀：
鋼筋加工廠品質輔導與認證－
嘉山鋼鐵廠。

延伸閱讀：
「Alfa Safe 建築安全履歷」一條龍的技術整合，從加工端到施工端逐一受訓輔導認證。

後記

欣慰　國家地震中心的實體驗證

　　既然建築業者建議工法必須有經過試驗驗證才有說服力,所以我們立即與「國家地震工程研究中心」討論進行實體試驗之可行性。國震中心也非常支持產官學之合作研發,尤其是對建築安全品質相關的耐震工法,因為這對位於地震帶上的台灣是非常需要的。「戴雲發 Alfa Safe 耐震系統工法」之試驗驗證,從試驗規劃、試體製作及大型結構試驗機組的排程試驗,總共經歷一年半的時間完成,而試驗的成果令大家驚豔;「Alfa Safe 耐震系統工法–柱中柱」與對照之傳統柱之比較,抗震韌性提升近一倍,幾乎可達到傳統柱抗震韌性的二倍,「Alfa Safe 系統工法–系統牆」之抗震韌性可提升約 33%,是傳統牆抗震韌性的 1.33 倍,可有效提升抗震第二道防線的韌性。所以我們可以說:「Alfa Safe 耐震系統工法」符合有效發揮「小震不壞、中震可修、大震不倒」的耐震韌性結構精神。

▌國家地震工程研究中心「Alfa Safe 耐震系統工法」之實體試驗。

▌ 國家地震工程研究中心「Alfa Safe 耐震系統工法」之實體試驗。

▌ 戴雲發結構技師（左）與「國家地震工程研究中心」林克強博士（右）合影。

延伸閱讀：
「Alfa Safe 耐震系統工法」國
震中心實驗－前置作業及試體
鋼模驗收。

延伸閱讀：
國家地震中心實體驗證，「Alfa
Safe 柱中柱」試驗過程全紀錄，
耐震韌性有效大幅提升。

前進　京城建設兩金獎

　　自 206 台南大地震後，非常感謝南霸天京城建設首發響應，並在高雄市三民區明仁段案徹底執行建築安全履歷，更高興的是此案在 2017 年 10 月榮獲高雄市府主辦的「2017 年城市工程品質金質獎」及「2017 年城市工程品質建築生產履歷金優獎」肯定，此次執行「建築安全履歷」及「Alfa Safe 耐震系統工法」的建案得獎，是證明了評審委員一致對「建築安全履歷協會」長期推動建築安全品質透明化的高品質的認同及肯定，高雄市政府並同時主動特別頒予「建築安全履歷協會」特別獎「建築生產履歷金優獎」，由此可證，建築安全的議題逐漸受到重視，也代表著這條路雖然辛苦，卻也是非常正確的選擇。

延伸閱讀：
「2017 高雄城市工程品質金質獎」由高雄市長陳菊親自出席，頒發給予建築安全履歷協會理事長戴雲發唯一的「建築生產履歷金優獎」特別獎。

延伸閱讀：
榮耀與肯定 - 再次獲得高雄市政府主辦的 2017 城市工程品質 -「建築生產履歷金優獎」的肯定。

■「2017 高雄市城市工程品質金質獎」之評審委員一致對「建築安全履歷協會」理事長戴雲發長期以來推動的建築安全品質透明化的高品質的認同及肯定。

由「建築安全履歷協會」輔導執行「建築安全履歷」的京城建設三民區明仁段大樓新建工
程，榮獲「2017 高雄城市工程品質金質獎」及「建築生產履歷金優獎」之雙金獎的肯定。

國內　臺北年度盛大建材展

　　「Alfa Safe 耐震系統工法」是運用「鋼筋系統化的設計規劃」及「自動化加工技術」，來解決鋼筋的加工綁紮與組裝問題，讓鋼筋加工配件化、綁紮標準化與防呆化，來達成最佳的鋼筋工程施工品質及有效提升房屋整體結構的耐震力，並以「系統化 system」、「簡單化 simple」、「效率化 speed」、「標準化 standard」，朗朗上口的「4S」作為縮語，使其基本精神能常駐人心。

　　Alfa Safe 系統建築團隊於 2017 年特別製作「4 組重達數百公斤、2.1 米高的大型鋼筋模型」進駐一年一度的台北建材展，並於攤位上展出「柱中柱」、「梁中梁」及「系統牆」等「戴雲發 Alfa Safe 耐震系統工法」，除了建設公司外，也向一般消費大眾講解建築 4.0 之創新工法的施工觀念與精神理念。

■ 2017 台北建材展向一般消費大眾講解建築 4.0 之創新「Alfa Safe 耐震系統工法」的施工觀念與精神理念。

延伸閱讀：
台北建材展之鋼筋實體模型規劃與製作。

延伸閱讀：
2017 台北建材展走入人群，推廣結構安全為己任。

國際　來自中東卡達的肯定

受到中東卡達邀約 2017 年
度世界創新專業廠商與建設同業
媒合會，這是一項非常大的肯定
與機會，一方面是來自於中東對
「Alfa Safe 耐震系統工法」的
肯定；一方面是有國際性的機會
與世界推廣此項建築 4.0 創新工
法的施工觀念與精神理念，期許
能藉此契機，將建築安全的志向
從小巧台灣推廣至遼闊世界，以
此「Alfa Safe 耐震系統工法」
建造出更多更安全的耐震好宅。

▌2017 中東卡達世界創新專業廠商與建設同業媒合會。

▌「2017 中東卡達世界創新專業廠商與建築同業媒合會」中與中東卡達建設業者合影。

國際 介紹來自台灣的建築結構精神

「建築安全履歷協會」與桃園德友建設合作，於香港君悅酒店與香港社會大眾介紹及推廣來自台灣的「建築安全履歷」及「Alfa Safe 耐震系統工法」，說明房屋安全的核心理念與精神！讓想在台灣置產或想要移居台灣卻又擔心地震災害所造成的建物安全疑慮的想港民眾，使其感受到台灣對建築安全的重視並有更深一層的了解與放心。

近幾年香港人移居台灣成為趨勢，根據香港民調，4 成受訪港人有移居打算，其中超過 1 成已為移居做準備，而準備移居的港人首選地點就是台灣，台灣能吸引港澳移居的亮點在於：華人生活圈、中文環境，有近似的生活習慣，坐飛機 90 分鐘便可回到香港。對照內政部移民署統計，自 2012 年起，港澳人士來台居留逐年攀升，2016 年台灣官方發出的港人來台定居許可，創下港人移居台灣人數的新高。而今年年初的花蓮大地震，造成建物倒塌以及人員傷亡，而香港夫妻來台遊玩卻遇上強震遇難，消息經分享至網路，就有香港網友就留言「移民台灣都要想想」，可見香港人對於台灣置產或移居，是既喜愛又怕受傷害。

蓋房子最根本的是安心與安全，即便成本增加，只要能獲得消費者的信任才是最有價值的回報。今日「建築安全履歷協會」選擇在香港踏出海外的第一步與香港民眾說明台灣重視的建築安全，未來將會秉持著施工品質透明化的核心理念精神，並使用安全高韌性的系統工法，打造最安全耐震的住宅，讓想要移居台灣又怕地震不安全的香港朋友有一個安全安心的保障！

■ 右二為地產公司李佩珊總經理、右三為「建築安全履歷協會」戴雲發理事長、中間為 2011 香港小姐朱晨麗、左三為德友建設公司黃敦修董事長、左二為德億營造鄭兆佑董事長。

延伸閱讀：
榮耀與肯定 -「建築安全履歷」
正式在香港登場 ......more。

延伸閱讀：
「建築安全履歷協會」首
次正式在香港登場！
（理財周刊）。

延伸閱讀：
「柱中柱」—防震工法，
跨海香港搶房客。
（中視新聞）

■ 圖中左為「建築安全履歷協會」戴雲發理事長、右為
香港樓宇檢驗學會陳子謙會長。

創新　明新科技大學產學合作之創舉

　　「建築安全履歷協會」與明新科技大學攜手合作在明新科技大學設立「創新建築安全履歷館」。由於科技大學的專業技職教育的養成關乎整個產業的進步與發展，在此我們希望藉由產學合作的方式提供產業技術、建築工程新趨勢、人力與服務，一方面使大學教職員生能學以致用，結合理論與實務，二方面亦推廣產業目前之發展趨勢及其產品應用，展現明新科技大學土木工程與環境資源管理系產學合作之成果，希望藉由實體「創新建築安全履歷館」籌設及一系列創新實務課程的導入，聯結土環系已耕耘多年之營建與環境防災科技整合應用人才培育，作為土環系主要發展特色，讓學生可以將學理與實務創新發展契合學習。使學界能結合產業發展之先端，提升產業競爭力，共創產學合作光明未來。

■「建築安全履歷協會」與明新科技大學攜手合作設立「創新建築安全履歷館」。

■ 本次與明新科技大學產學合作是全國大專院校土木工程學系創舉，提供土環系師生及大新竹地區營建人員及社會人士有關地震及建築安全品質優質觀摩教學場所。

延伸閱讀：
「建築安全履歷協會」與明新科大產學合作 盼從紮根做起（自由時報）。

延伸閱讀：
「創新建築安全履歷館」正式成立，產學合作交流，共創產業合作光明......more。

展望　永遠不變的使命

　　同樣是 2 月 6 日，在 107 年 2 月 6 日的花蓮地震不幸又造成大樓房屋倒塌的傷亡。由於我致力於建築安全觀念及耐震工法的推動，已漸漸被大眾所認同，這一次很多媒體都直接請教我房屋倒塌的原因及如何避免，因此有較多的「戴雲發 Alfa Safe 耐震系統工法」曝光的機會。而建築同業也因這短短兩年的震災接連發生，且在國家地震工程研究中心的驗證下證明抗震韌性可有效大幅提升，因而主動了解「Alfa Safe 耐震系統工法」該如何進行合作及執行。真心期盼經過這一次的地震災害，能讓「建築安全履歷」安全品質透明化的精神及「Alfa Safe 耐震系統工法」能正式被重視，讓更多的建築同業能透過有更好的「Alfa Safe 耐震系統工法」協助，蓋出品質更佳更透明化結構更安全的建築，提供社會大眾買的安心、住的放心的安心好宅，我們的 Alfa Safe 耐震系統建築也能讓大家都能真正的「安居樂業」。

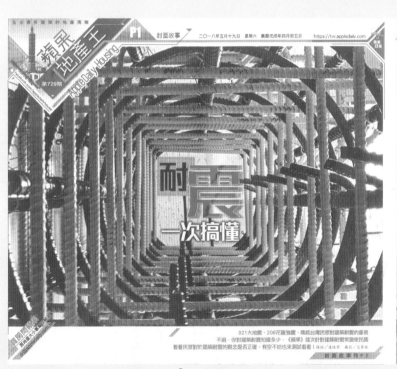

■ 圖中照片是「Alfa Safe 柱中柱®」如精品、藝術品般的俯視鋼筋品質照片。
　（資料來源：蘋果地產王－耐震一次搞懂。）

延伸閱讀：
面對不可預測的地震威脅，唯有用好的「Alfa Safe 耐震系統工法」做好施工品質，才能讓台灣百姓真正的安居樂業 ......more。

國家圖書館出版品預行編目 (CIP) 資料

挑房 FOLLOW ME　3 – 創新建築 4.0 創造建築安全
新世代／戴雲發著 . -- 第一版 . -- 臺北市：商鼎數位，
2018.08
　　　面；　公分
　 ISBN 978-986-144-171-9(平裝)

　 1. 不動產業　2. 結構工程　3. 房屋建築

554.89　　　　　　　　　　　　　 107013369

挑房 FOLLOW ME　3
- 創新建築 4.0　創造建築安全新世代

作　　者　戴雲發
責任編輯　游輝任、張詩曼
繪圖設計　陳建良
出 版 者　中力建築系統有限公司
　　　　　地址 / 106 台北市大安區和平東路一段 59 號 4 樓
　　　　　電話 / (02)2358-1345
　　　　　傳真 / (02)2358-1314
　　　　　網址 / http://www.dyf.com.tw
發行單位　商鼎數位出版有限公司
　　　　　地址 / 新北市中和區中山路三段 136 巷 10 弄 17 號
　　　　　電話 / (02)2228-9070
出版日期　2018 年 8 月第一版第一次發行
讀者服務信箱　cl@dyf.com.tw
訂購帳戶　彰化銀行古亭分行
帳　　號　51160100772700
戶　　名　中力建築系統有限公司
定　　價　400 元
ISBN 978-986-144-171-9